Erma Bombeck
Wenn meine Welt voll Kirschen ist,
was tu ich mit den Kernen

Erma Bombeck

Wenn meine Welt voll Kirschen ist, was tu ich mit den Kernen?

Aus dem Amerikanischen übertragen
von Isabella Nadolny

Gustav Lübbe Verlag

1. Auflage Januar 1980
2. Auflage Februar 1980
3. Auflage Juni 1980
4. Auflage Juli 1980
5. Auflage Oktober 1980
6. Auflage November 1980
7. Auflage Dezember 1980

© 1971, 1972, 1973, 1974, 1975, 1976, 1977, 1978
by Erma Bombeck

© 1980 für die deutsche Ausgabe
Gustav Lübbe Verlag GmbH, Bergisch Gladbach
Aus dem Amerikanischen von Isabella Nadolny
Schutzumschlag: Roberto Patelli, Köln
Illustrationen: Dodo Köster, Köln
Satz: Friedrich Pustet, Regensburg
Druck, Einband: May + Co, Darmstadt

Alle Rechte vorbehalten.
Kein Teil des Buches darf ohne
ausdrückliche Genehmigung des Verlages
in irgendeiner Form reproduziert
oder übermittelt werden,
weder in mechanischer noch elektronischer Form,
inkl. Fotokopie.
Printed in West Germany
ISBN 3–7857–0250–7

Gewidmet meinen Eltern
Albert und Erma Harris,
die allen Leuten erzählen,
ihre Tochter sei
eine erfolgreiche Zahnarzthelferin.

Ebenfalls
von Erma Bombeck:

Nur der Pudding hört mein Seufzen

Inhalt

Vorwort – Zwei schlichte weiße Söckchen
in einer Welt eleganter Strumpfhosen   9

1. Wenn Sie glauben, die Hochzeit sei
   schon schlimm genug gewesen . . .   14

2. Rätsel der Mutterschaft   32

3. Ehret die Frauen, sie flechten und weben . . .   50

4. Der weiße Wahn   67

5. Porträt einer Märtyrerin   78

6. Mach 's Beste draus   87

7. Vorsicht! Familie kann gesundheitsschädlich sein!   97

8. Es müßte ein Gesetz geben für . . .   115

9. Wissen ist Macht   138

10. Moden und Marotten, die mich
    NICHT hinreißen konnten   148

11. Wie lerne ich fließend kind-isch?   162

12. Reisen erweitert nicht nur den Horizont,
    sondern auch die Taille   176

13. Was gibt's dabei zu lachen?   184

14. Vor lauter Lachen muß ich weinen   196

    Epilog   215

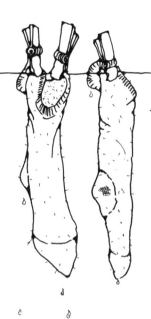

Vorwort

Zwei schlichte weiße Söckchen in einer Welt eleganter Strumpfhosen

Ich bin schon als Angsthase auf die Welt gekommen, und noch heute bin ich im Fürchten einsame Spitze.

Ich fürchte mich, wenn ich Leute einander vorstellen soll. Sobald meine Mutter an der Reihe ist, fällt mir ihr Name nicht ein.

Ich fürchte, ein von mir geschlagener Tennisball könnte meinem Partner ins Auge gehen.

Ich fürchte, eine Schlange kommt durchs Abflußrohr zu mir in die Küche gekrochen.

Ich fürchte mich davor, daß um Mitternacht die Welt untergehen oder ich von einer 24 Stunden wirksamen Schnupfenpille nur die letzten drei Stunden erwischen könnte. Außerdem fürchte ich mich davor, eines Tages im bekannten Buch der Rekorde zu stehen, unter der Rubrik ›späteste bekannte Schwangerschaft‹.

Ich habe Angst davor, was mein Hund von mir denkt, wenn er mich aus dem Bad kommen sieht. Ich habe Angst davor, daß meine Tochter einen Eskimo heira-

10

tet, der mich auf einer Scholle Treibeis aussetzt,
wenn ich nicht mehr für mich selber sorgen kann.
Sogar die Verkäuferin im Modegeschäft macht mir
Angst, wenn sie mir in die Umkleidekabine folgt. Ich
fürchte Ölpfützen auf der Fahrbahn. Und ich be-
fürchte, die Wissenschaftler könnten eines Tages
feststellen, daß Salat immer schon zu den Dickma-
chern gehört hat.
Die nachhaltigsten Sorgen aber mache ich mir um
das nackte *Überleben*. Wie soll man sich einer Welt
anpassen, in der sich täglich alles ändert? Woher soll
man wissen, was man behalten, was wegwerfen, was
akzeptieren und wogegen man protestieren soll?
Noch nie in der Geschichte haben geborene Angst-
hasen ein Jahrzehnt durchleiden müssen wie die ver-
flossenen siebziger Jahre. Jedes Jahr brachte eine neue
Rekordernte an Sorgenbringern, und heuer läßt es
sich auch schon wieder recht vielversprechend an!
Kinder werden allmählich zu einer bedrohten Spe-
zies, die Energie nimmt trotz aller Sparmaßnahmen
bedenklich ab, ebenso die Zahl der Eheschließungen.
Die einzigen Wesen, die sich noch so richtig aus dem
vollen amüsieren, sind die Versuchsratten.
Man könnte sie um ihre Dekadenz beneiden.
Im Lauf der vergangenen Jahre hat man diese bepelz-
ten Tunichtgute mit Schnaps, Haschisch, Zigaretten
und Antibabypillen gefüttert, sie übermäßiger Son-
nenbestrahlung, ohrenzerfetzender Diskothekmusik
ausgesetzt und ihnen Koffein, Zyklamate und Sac-

11

charin eingeflößt, sie wenig schlafen lassen und ihnen jede Menge Delikatessen vorgesetzt.

Da drängen sich einem doch ganz automatisch Fragen auf, die bisher noch keiner gestellt hat:

Wie kommt es, daß es noch immer mehr Ratten als Menschen gibt?

Wie kommt es, daß man innerhalb seiner vier Wände nie einer abgeschlafften, lustlosen Ratte begegnet, die zu wenig Eisen im Blut hat?

Haben *Sie* schon einmal eine Ratte gesehen, die in der einen Vorderpfote einen Salatteller, in der anderen eine Kalorientabelle gehalten hat?

Andererseits: Sind Sie schon einmal auf eine Ratte mit Übergewicht gestoßen?

Haben Sie schon einemmal eine Ratte angeschrien, die zwar nicht auf Sie hörte, dafür aber weit schneller laufen konnte als Sie?

Haben Sie schon einmal eine Ratte in Ohnmacht fallen sehen, weil sie Lippenstift auf den Vorderzähnen hatte?

All diese unbeantworteten Fragen machen mir seit langem Kopfzerbrechen. Einfach weil mir alle naselang ein neueres Forschungsergebnis etwas raubt, das mir früher viel Freude bereitete, mich aber künftig garantiert krank machen wird.

Ich habe den Bericht über ein Versuchstier gelesen, der einen wirklich nachdenklich stimmen kann. Das Versuchstier war ein Rattenmännchen namens *Lionel*. Es war ein sogenannter ›Pro‹, das bedeutet, an

ihm wurde alles ausprobiert, vom künstlichen Süß-
stoff bis zum Brotkonservierungsmittel, von der
Fußpilzimpfung bis zum Härtetest unter der Erde.
Lionel überdauerte alles. Einer der Forscher zog daraus den Schluß, bei Lionel handele es sich um eine
Über-Ratte, eine Art unsterbliches Wesen, das sich
allen Gewalten zum Trotz erhalten und das Ratten-
leben weitertragen würde, komme, was da wolle.
Da nahm der Forscher ihn mit heim, als Haustier-
chen für seine Kinder. Binnen drei Monaten war das
unverwüstliche Rattenmännchen mausetot. Der
Sohn des Hauses, der Fahrstunden nahm, hatte ihn
auf eine Übungsfahrt mitgenommen. Lionel starb an
einem Herzschlag.
Damit wäre das Thema dieses Buches klar umrissen:
Überleben.

1.
Wenn Sie glauben, die Hochzeit sei schon schlimm genug gewesen

Es gibt Dinge im Leben, die werden meiner Ansicht nach gewaltig überschätzt: heiße Hühnersuppe, auf den Arm tätowierte Anker, Penicillin und Flitterwochen.

Die Flitterwochen sind einer der peinlichen Anlässe, bei denen man weiß, daß alle anderen sich weit besser amüsieren als man selbst. Man gibt es nur nicht zu. In einem Urlaubshotel in Antibes wird zur Zeit eine Ruhmeshalle für Flitterwöchner eingerichtet. Dort werden in einer herzförmigen Nische Sammlerstücke über berühmte Liebespaare der Geschichte und Literatur aufgestellt! Photos, Erinnerungsstücke, Briefe usw.

Bis jetzt gehören dazu: Ein Tonband mit der historischen Erklärung des Herzogs von Windsor, er verzichte aus Liebe auf den Thron; Comic-Zeichnungen von Biene Maja und Willi und Filmausschnitte sämtlicher Hochzeiten von Elizabeth Taylor.

Der Gedanke, wer noch alles in diese Flitterwöchner-Gedenkstätte gehört und aus welchem Grund, beschäftigt mich sehr. Ich wüßte einige Kandidaten, die ich nominieren würde.

Ruth und Walther für die kürzesten Flitterwochen unserer Zeit. Schon während des Hochzeitsempfangs schoß sie ihn ins Bein, weil er zu heftig mit einer der Brautjungfern flirtete.

Sue und Ted für den ausgefallensten Honigmond. Während Sue schwamm, Tennis spielte und Einkäufe machte, ging Ted eisfischen, fuhr Ski, spielte Karten und trank mit seinen Kumpeln. Nicht für jeden Menschen sind getrennte Flitterwochen die Lösung, Sue und Ted genossen sie.

Laura und Stewart: das Paar, das in den Flitterwochen den größten seelischen Gleichmut bewies. Gleich nach der Hochzeit entdeckte sie, daß er sich wegen bewaffneten Raubüberfalls nur zur Bewährung auf freiem Fuß befand, die Röteln hatte, bereits verheiratet war und einen Sohn sein eigen nannte, der als Brandstifter einsaß. Außerdem hatte Stewart für den Hochzeitsempfang bereits 75 000 Dollar aus ihrer Lebensversicherung abgehoben.

Laura reagierte sehr gelassen: »Was soll's, die Flitterwochen sind nun mal eine Zeit der gegenseitigen Anpassung!«

Es sind eine Masse Theorien im Umlauf, warum heutzutage die Ehen so kurz halten. Ursprünglich war es ja einfacher: Man versprach, einander zu lieben und zu ehren in guten und schlechten Tagen, und fragte sich allenfalls, *wie* schlecht die Tage wohl werden würden. Meist haben die schlechten Tage ja gar nichts Dramatisches an sich. Es sind Kleinigkeiten, die einer Ehe das Rückgrat brechen.

Um nur ein Beispiel zu nennen: Eine Frau kann den ganzen Louvre in Paris durchwandern und 5000 atemraubende Gemälde an den Wänden hängen sehen. Ein Mann kann den ganzen Louvre in Paris durchwandern und sieht nichts anderes als 5000 Nägel in den Wänden. Hier liegt der fundamentale Unterschied.

Ich habe nie herausbekommen, warum ein Nagel in der Wand einen gesunden, starken, erwachsenen Mann zu Tränen rühren kann. Ich begegnete diesem Phänomen zum ersten Mal acht Tage nach meiner Hochzeit. Ich kam, einen Nagel und einen Hammer in der Hand, zufällig in der Küche an meinem Mann vorbei.

»Wohin willst du mit Hammer und Nagel?« fragte er mich erbleichend.

»Ich will nur eben einen Handtuchhalter anbringen.«

Er hätte nicht entsetzter dreinschauen können, wenn ich gesagt hätte, ich wolle einen Pfahl ins Herz eines Vampirs treiben.

»Mußt du dazu einen solchen Bolzen in die Wand hauen?«

»Nein«, sagte ich und lehnte mich an den Ausguß, »natürlich könnte ich den Handtuchhalter auch in einer Ecke auf den Boden stellen und von allen Seiten abstützen, oder ihn mir an einem Strick um die Taille hängen, oder auch ganz auf ihn verzichten und neben der Spüle einen großen, zottigen Hund anketten, um mir an ihm die Hände abzutrocknen.«

»Was haben Frauen nur immer? Wie können sie eine saubere, glatte kahle Wand sehen«, knurrte er.

»Und was haben Männer nur immer, daß sie es so gar nicht ertragen, die Notwendigkeiten des täglichen Gebrauchs an den Wänden hängen zu sehen.«

»Was heißt hier Notwendigkeiten?« fragte er. »Den Spiegel in der Diele brauchst du doch bestimmt nicht!«

»Das hast du von den Lichtschaltern auch behauptet.«

Seine Augen zogen sich zu Schlitzen zusammen. Ich ahnte, daß er mich gleich mit der Wucht eines Gegenarguments zu Boden schmettern würde.

»Bist du dir darüber klar«, fragte er betont langsam, »daß es im ganzen Haus keine einzige Wand mehr gibt, auf die wir unsere Dias oder Filme werfen können?«

»Sogar der Kinosaal im Radio-City-Gebäude hat nur *eine* ganz leere Wand«, gab ich zurück.

Der Kampf ›Nagel gegen kahle Wand‹ tobt seit Jahren in unserem Haus. Er wollte mir keinen Kalender über den Schreibtisch hängen, weil sich der Nagel schon nach 12 Monaten als unnötig erweisen würde. Er wollte die Babybilder der Kinder nicht aufhängen,

18

weil sie in zwei Jahren Milchzähnchen bekommen und unsere Freunde sie nicht mehr erkennen würden.

Er erlaubte mir keinen Haken im Badezimmer – beim Duschen mußte ich meinen Morgenrock in der Hand halten. Meine Küchenuhr durfte ich nur an einem Wandstift aufhängen, der schon da war (und sich zufällig *hinter* dem Eisschrank befand).

Rache ist süß. Manchmal muß man freilich sehr lange auf sie warten. Aber gestern ist er mit seinem Wagen über einen Nagel gefahren.

Er gibt die anschaulichsten Beispiele, wie Kleinigkeiten eine Ehe zermürben. Es hieße die Intelligenz meiner Leser unterschätzen, wollte ich mich darüber genauer auslassen.

Lieben, ehren und schnarchen hören, bis der Tod euch scheidet . . . Warum denkt eigentlich nie jemand daran, sich *vorher* danach zu erkundigen? Schnarchen ist eine ernsthafte Bedrohung der Ehe, insbesondere wenn einer gleich so schnarcht, daß die Lampenschirme vom Ständer, und die Bilder von der Wand fallen und es noch 75 km entfernt die Haustiere beunruhigt.

Das lauteste Schnarchen wurde – ich beziehe mich dabei auf das ›Guiness-Lexikon der Superlative‹ – im St. Marys-Krankenhaus in London gemessen: Es betrug 69 Dezibel.

Bis gestern nacht.

Da brach mein Mann den Weltrekord mit einem gebremsten Atem von 72 Dezibel. 72 Dezibel, das entspricht – für Unwissende – dem Knall eines Kanonenschusses beim Abfeuern.

»He, Cyrano de Bergerac«, schrie ich ihn an. »Wach auf! Du machst es schon wieder!«

»Was mache ich?«

»Du schnarchst.«

»Du weckst mich, nur um mir das zu sagen? Ich habe dir über tausend Mal – wenn das reicht – gesagt, daß ich nicht schnarche. Wenn ich es täte, würde ich das merken.«

»Du bist genau so logisch wie der Mann, der sagte: Ich habe keine Amnesie, daran würde ich mich erinnern.«

»Wie hat es denn geklungen?«

»Wie ein platzender Reifen, der ganz langsam die Luft verliert.«

»Was hast du denn erwartet? Ein Horn-Konzert?«

»Ich sollte es vielleicht mal mit dem Mittel versuchen, das Lucille Farnward angewendet hat, als ihr Mann sie mit seiner Schnarcherei wahnsinnig machte.«

»Welches denn?« fragte er verschlafen.

»Sie hat ihm ein Kissen übers Gesicht gelegt.«

»Großer Gott, Weib! Da erstickt ja der Mann.«

»Ja, das System hat noch gewisse Kinderkrankheiten, aber im Prinzip ist Lucille auf der richtigen Spur.«

»Warum rollst du mich nicht auf die Seite?«

»Hab ich ja. Da hast du mir eine runtergehauen.« So ging es denn weiter, die ganze Nacht.

Ich bin, offen gestanden, die vielen therapeutischen
Maßnahmen leid, die ja doch nichts nützen, etwa
Selbsthypnose, Ohrstöpsel oder das Auf-die-Seite-
Drehen des Schnarchers. Ernsthaft zu erwägen sind
überhaupt nur folgende Maßnahmen:

Bettenwechsel

Holen Sie den Schnarchenden aus seinem ange-
stammten Bett und stecken Sie ihn in ein fremdes . . .
vorzugsweise in einem anderen Staat.

Schlafverhinderung

Das funktioniert ebensogut wie alles andere, was ich
versucht habe. Sorgen Sie in dem Augenblick, in dem
Sie zu zweit ins Bett steigen, dafür, daß Ihr Götter-
gatte jeden Muskel im Körper anspannt, indem Sie
beiläufig erwähnen: »Die Steuerfahndung hat heute
angerufen und nach dir gefragt. Sie wollen sich morgen noch mal melden.«
Experten vertreten die Meinung, man müsse bis zu
den Wurzeln des männlichen Schnarchens vor-
dringen. Sie behaupten, ein Mensch schnarche nur
deshalb, weil er Sorgen hat, weil sein Gebiß nicht
richtig sitzt, weil er zuviel raucht oder trinkt, ge-
schwollene Rachenmandeln hat oder an Altersbe-
schwerden leidet.

Glauben Sie kein Wort! Ein Mann schnarcht einzig und allein, um seine Frau zu ärgern. Sollte er es damit nicht schaffen, ihr den Nerv zu töten, nimmt er seine Zuflucht zu einem anderen Mittel, etwa dem ›Entschuldige, ich habe mich verspätet-Syndrom‹.

Obwohl ich keinerlei Beweise dafür habe, glaube ich steif und fest, daß mein Mann ein Elfmonatskind war.

Er ist vom Start weg immer zwei Monate zu spät dran gewesen und hat das nie wieder aufgeholt. Und ich (böse Beispiele verderben gute Sitten) bin durch Heirat unter die Spätlinge geraten, die sich im Dunkeln durch die Reihen der Theatersitze tasten, auf Partys die Aperitifs zum Nachtisch trinken müssen und Weihnachten am 26. Dezember feiern.

Ich begreife im Ernst nicht, wie ein so wohlerzogenes, pünktliches Mädel wie ich an einen Mann geraten konnte, der keine Armbanduhr braucht, sondern einen Aufseher.

Auf die Gefahr hin, Sie zu erschrecken: Ich war noch nie früh genug bei einer Hochzeit, um den Einzug des Brautpaares zu erleben! Ich habe noch nie einen Chor oder eine Abiturklasse einmarschieren sehen. Ich habe noch nie das Mordopfer in einem Fernseh-Krimi kennengelernt, *ehe* es umgebracht wurde. Ich habe noch nie den Start bei einem Pferderennen erlebt und noch nie eine Fußballelf gesehen, deren Trikots noch sauber waren. Neulich habe ich meinem Mann mal richtig den Marsch geblasen. »Hör mal«, sagte ich,

»ich bin in meinen besten Jahren und habe noch nie die ersten dreißig Sekunden des ›Minutenwalzers‹ gehört. Ist das nicht typisch?«

»Was willst du damit sagen?«

»Damit will ich sagen, daß ich ein einziges Mal, ehe ich sterbe, eine Kirche betreten möchte, in der noch Sitzplätze frei sind.«

»Wie oft soll ich dir das bloß erklären«, seufzte er, »Herumsitzen, ehe ein Ereignis wirklich anfängt, ist pure Zeitverschwendung, man könnte statt dessen schlafen, lesen oder arbeiten.«

»Oder um den Block fahren, um einen Parkplatz zu suchen. Ich begreife dich überhaupt nicht«, fuhr ich fort, »bist du denn nicht auch allmählich neugierig, was jeweils im ersten Akt passiert? Beneidest du nicht doch ein kleines bißchen die Leute, die nicht auf bereits anfahrende Züge springen müssen? Hast du es nicht allmählich satt, jeden Morgen ein 44-Minuten-Ei vorgesetzt zu bekommen?«

»Was willst du eigentlich, ich stelle mir jeden Abend den Wecker!«

»Ich weiß, wie du deinen Wecker stellst. Wenn du um 6 Uhr 30 aufstehen willst, stellst du ihn auf 5 Uhr 30. Dann stellst du ihn wieder auf 6.00 Uhr, und wenn er losrasselt, haust du drauf und rufst: ›Haha, ich hab' nur Spaß gemacht! Ich hab' noch eine halbe Stunde!‹ Dann stellst du ihn wieder auf 6 Uhr 30 und um diese Zeit wirfst du dich mit dem ganzen Körper darüber und murmelst: ›Ist schon gut, brauch' dich nicht. Brauch' niemanden.‹ Und schläfts wieder ein.«

»Ich bin eben nicht der Meinung, daß zu früh kommen eine Tugend ist. Wie spät ist es denn?«

»Es ist acht Uhr. Und um acht Uhr solltest du im Büro sein.«

»Fein, da bleiben mir noch zwanzig Minuten.«

Ich habe mich überhaupt sehr um- und auf einen Mann einstellen müssen, der sich einer Welt der Freizeitgestaltung weder anpassen kann noch will.

Dieses Problem ist allerdings weit verbreitet. Viele Frauen sind mit unheilbar Arbeitsbesessenen verheiratet und haben die größten Schwierigkeiten, sie einmal im Jahr für zwei Wochen in den Urlaub zu verschleppen, damit sie einfach mal gar nichts tun.

Nichts einfacher als das, könnte man meinen.

Ich führte meinen Mann zwei Wochen lang an einen Strand. Dort breitete er schnell ein großes Badetuch aus, öffnete seine Aktentasche und verglich die Kontoauszüge mit den Eintragungen im Scheckheft.

Ich führte ihn in ein elegantes Großstadthotel. Dort verbrachte er die ganze Woche damit, den Fernsehapparat auf dem Zimmer auseinanderzunehmen, weil es auf dem Bildschirm schneite.

Einmal führte ich ihn sogar in einen Nachtclub, in dem dürftig bekleidete Mädchen tanzten – total gegen den Takt. Eines davon kam an unseren Tisch, setzte sich ihm verführerisch auf den Schoß und kitzelte ihn unterm Kinn.

Da wandte er sich zu mir und sagte: »Die Feuerversicherung für unser Haus . . . Wir sollten auf Neuwertversicherung umstellen lassen.«

Eine Freundin riet mir, ich sollte mit ihm zelten gehen. »Um einen Mann ganz zu entspannen und zur Natur zurückzuführen, gibt es nichts Besseres als die Wildnis!«

Denkste!

Nach drei Tagen Wildnis hatte er die Reifen der Hinterräder auf die Vorderräder montiert, drei Luftmatratzen geflickt, eine Brücke gebaut, acht Schneemarkierungsfässer mit Asche gefüllt und für jeden, der das Zelt betrat, ein kompliziertes System der Entsandung erfunden.

Er fuhr in die Bücherei und stellte dort fest, wie der Fluß in der Nachbarschaft hieß und warum er so hieß. Er schrieb einen Brief an den Herausgeber der Lokalzeitung, las uns allen den Garantieschein für die Zeltlampe vor, organisierte eine Baseballmannschaft und rieb das ganze Zelt mit Wachs ein.

Er ordnete meine Konserven nach dem Alphabet, malte das Wort GAS auf die Propanflaschen und hing unsere Fleischvorräte an einem Baum auf, damit Menschen und Bären es nicht erreichen konnten. Die Waschbären fraßen es dann doch.

Nach diesen Erfahrungen sagte ich: »Bunkie, laß dir sagen, wir passen nicht zusammen.«

»Warum sagst du mir so was?«

»Ich bin eine genußsüchtige, temperamentsprühende Zelda und du bist ein introvertierter, gehemmter, pedantischer Dr. Schiwago, der seine Unterwäsche abends über einen Bügel hängt.«

»Ich amüsiere mich sehr gut«, beteuerte er ernsthaft.

»Ist dir klar, daß ich die einzige Frau auf der Welt bin, die am Neujahrsmorgen erwacht und keinen Kater vom vorhergehenden Abend hat? Keine abgebrochenen Keilabsätze auf den Treppenstufen, keine Party-Papierhütchen hinter der Kommode und keinen Geschmack im Mund wie von einem nassen Samtlappen? Nichts als die Erinnerung an einen über einem Glas lauwarmer Limo dösenden Vater Chronos. Auf manchem Elternabend war es schon aufregender.«

»Das stimmt nicht«, sagte er. »Was haben wir voriges Sylvester getan?«

»Von 7 Uhr bis 8 Uhr 30 habe ich unserem Hund Kaugummi aus den Schnurrbarthaaren gezupft. Um halb elf bist du in deinem Stuhl eingeschlafen, und ich habe medizinische Gelatinelösung getrunken, um festere Fingernägel zu kriegen. Um 10 Uhr 45 bin ich an den Eisschrank gegangen, weil ich mir einen Drink machen wollte. Die Kinder hatten aber alle Flaschen geleert und die Nachbarn die Eiswürfel aufgebraucht. Ich goß uns zwei Gläser lauwarme Limo ein, ging wieder ins Wohnzimmer und trat dich gegens Schienbein. Da bist du mit einem Ruck aufgewacht und hast gefragt: »Wußtest du, daß um Mitternacht alle Pferde ein Jahr altern?« Um dreiviertel zwölf schrillte dein Wecker. Da hast du mit den Fingern dreimal geschnalzt, einmal das Verandalicht ein- und wieder ausgeschaltet und ›Prosit Neujahr!‹ gerufen. Ach, ich wollte, wir wären wie Dan und Wanda.«

»Was ist an Dan und Wanda denn Besonderes?«

»Wanda hat mir erzählt, daß sie und Dan tiefsinnige Gespräche miteinander führen.«

Na großartig«, gähnte er.

»Es *ist* großartig! Haben wir eigentlich jemals ein tiefsinniges Gespräch miteinander geführt?«

»Ich glaube nicht«, meinte er.

Aber wissen wollte ich es doch wenigstens und fragte:

»Was ist eigentlich ein tiefes Gespräch?«

»Mach keine Witze. Das weißt du doch.«

»Eben nicht. Was ist es?«

»Na, eben ein gehaltvolles Gespräch.«

»Zum Beispiel über das Ölembargo oder die Dritte Welt?«

»Genau.«

»Und was ist damit?«

»Womit?«

»Mit dem Ölembargo und der Dritten Welt?«

»Es braucht nicht unbedingt ein Gespräch über das Ölembargo oder die Dritte Welt zu sein«, erläuterte er geduldig. »Es kann auch eine Diskussion über ein interessantes Thema aus deinem Alltag sein.«

»Ich habe mir gestern die Beine rasiert.«

»Das ist nur für dich interessant.«

»Stimmt nicht. Ich hab' dazu deinen Rasierapparat benutzt.«

»Wenn du hin und wieder Zeitung lesen würdest, wären deine Themen aktueller.«

»Okay, ich weiß auch etwas ganz Aktuelles. Gestern habe ich gelesen, daß in Neapel eine Frau polizeilich gesucht wird, die einem Mann im Schlaf mit der Schere die Nase abgeschnitten hat. Was hältst du davon?«

»Das ist a-typisch.«

Ein paar Minuten später startete ich einen neuen Versuch: »Angenommen, es wäre in der amerikanischen Botschaft passiert, die Frau wäre eine Spionin und die Nase, in der Geheimdokumente über ein Ölembargo zwischen Saudi-Arabien und den Industrienationen versteckt wären, gehörte Präsident Carter?«

»Bitte rede lieber wieder Belangloses, ja?« sagte er.

»Dabei fällt mir ein«, sagte ich, »hast du gestern den Artikel gelesen, in dem es hieß, Eheleute seien unfähig, voreinander ihre Meinungen klar und deutlich zu formulieren? Es wurde dort als das ewige Mir-Wurscht-das-ist-deine-Sache bezeichnet, oder auch als das Mach-wie-du-willst-mir-soll's-recht-sein. Du sagst das auch oft, und deshalb weiß ich nie, wie du über gewisse Dinge denkst.«

»Ich habe den Artikel nicht gelesen«, sagte er.

»Soweit ich mich erinnere, wurde darin der Vorschlag gemacht, Mann und Frau sollten ihre Reaktionen mit Codenummern bezeichnen – von eins bis zehn. Wenn du mich zum Beispiel fragst: ›Willst du ins Kino?‹ sollte ich nicht achselzuckend sagen, ›Meinetwegen‹, sondern: ›Ich bin fünf dafür, eigentlich acht, gerade bei diesem Film, aber im Moment haben wir so wenig Geld, daß ich nur drei bin, es für so etwas auszugeben.«

»Klingt ganz vernünftig.«

»Dann versuchen wir es doch mal. Worauf hast du heute Abend Lust?«

»Auf Raquel Welch!«

»Quatsch. Zum *Essen*, du Witzbold!«

»Wie soll ich das wissen, ehe ich es auf dem Teller habe.«

»Darum geht es ja. Mach doch einen Vorschlag.«

»Also gut. Leber wäre zehn bei mir.«

»Ich hasse Leber. Bei mir wäre Leber minus zwei, und das weißt du genau. Wie wär's mit Hackbraten?«

»Hackbraten ist bei mir sechs, ohne Fleisch und mit zuviel Semmelbröseln zwei. Aber wenn du schwache Neun dafür bist, schick' ich eins der Kinder zum Delikatessenhändler, der bei mir ein ganz oberer Zehner ist.«

»Könntest du nicht ausnahmsweise mal ein Neuner bei Hackbraten sein?« stöhnte ich.

»Da haben wir's! In 27 Ehejahren bist du nie über deine mickrige Zwei hinausgekommen, wenn ich andeutete, ich hätte ganz gern mal Leber.«

»Schrei nicht so. Die Nachbarn brauchen es nicht zu hören, wenn wir unsere Zweier und Dreier aushandeln. Wie wär's mit einem Omelette?«

»Klingt nach einem stabilen Achter.«

»Also gut. Dann sind wir einer Meinung. Bloß haben wir keine Eier im Haus, ich muß also einkaufen fahren.«

»Der Wagen ist neun. Die Batterie streikt, er springt nicht an. Damit käme das Omelette ungefähr auf vier.«

»Schön, dann bleibt uns nur noch Erdnußbutter. Das ist entschieden eine Drei, minus eins, weil sie kalt ist. Was den Nährwert anbelangt, ist sie an sich zwei, aber plus vier, weil es kein Rest ist, und minus drei, weil sie dick macht. Das Endergebnis wäre fünf. Was meinst *du* dazu?«

»Mir egal«, sagte mein Mann.

»Darauf hab ich gewartet!«

Es wird so viel darüber geredet, warum Ehen in die Brüche gehen; mal andersherum gefragt: Wieso halten eigentlich doch so viele?

Manche Ehefrauen sind fürs Zeitungenaustragen zu alt, für eine Rente zu jung, zum Stehlen zu ungeschickt und um ein Liebesverhältnis anzufangen zu müde. Einige von ihnen sind einfach schon als Ehefrauen auf die Welt gekommen und wissen nicht, was sie sonst machen sollen. Für die Ehefrau, die an ihrem Status zweifelt: Beantworten Sie folgende einfache Fragen:

Wenn beim Tanzen der beste Freund Ihres Mannes Sie zärtlich an sich drückt und Ihnen ins Ohr raunt: »Was tun Sie für den Rest *meines* Lebens?«, was antworten Sie? Wenn Sie zurückflüstern: »Auf den Mann warten, der meine Waschmaschine repariert«, sind sie verheiratet.

Wenn ein hochgewachsener, dunkelhaariger, gutaussehender Unbekannter Sie bei der Hand nimmt und zum Tanz bittet, was tun Sie da? Wenn Sie einwenden: »Es geht leider nicht, meine Strumpfhose rutscht, bei der kleinsten Bewegung habe ich sie als Fessel um die Knie«, sind Sie verheiratet.

Wenn ein Mann, der aussieht wie Ihr Lieblingsfilmstar, Sie nach dem Abendkurs zu einer Tasse Kaffee einlädt, was tun Sie da? Wenn Sie sich einen Hamburger mit Zwiebeln bestellen, sind Sie verheiratet.

Wenn ein Partylöwe Sie leicht beschickert fragt: »Haben Sie mal daran gedacht, Ihren Mann zu verlassen?«, was tun Sie da? Wenn Sie erwidern: »Nein, aber oft daran, ihn zu ermorden«, sind Sie verheiratet.

Kein Mensch spricht heutzutage mehr von der Treue, sie ist einer der Artikel, von denen man hofft, irgendwo wäre er schon noch in ausreichender Menge vorhanden. Und wenn die Militärkapelle anstimmt ›Semper fidelis‹ und Ihr Mann fragt: »Sie spielen unser Lied, möchtest du vielleicht tanzen?« – dann sind Sie verheiratet.

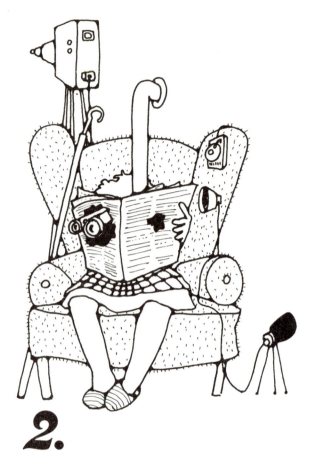

2.
Rätsel der Mutterschaft

 Eine Elfjährige schrieb mir mal:

*Liebe Mrs. Bombeck,
ich kann Mütter einfach nicht verstehen, ehrlich.
Wie bringt Mami es fertig, von ganz weit weg jedes Familienmitglied mit einem Schuh zu treffen?
Woher weiß sie, daß ich auf dem Autorücksitz meinem Bruder Fratzen schneide, wenn sie sich doch gar nicht umgedreht hat?
Woher weiß sie, daß ich in der Küche Plätzchen stibitze, während sie im Wohnzimmer vor dem Fernseher sitzt?
Ein paar von meinen besten Freundinnen begreifen ihre Mutter auch nicht und wollen gern wissen, woher sie nur vom Anschauen weiß, daß sie sich vor dem Mittagessen heiße Würstchen und drei Cola gekauft haben. Oder wo sie den Pulli ›verlieren‹ werden, den sie nicht ausstehen können.
Ich finde das einfach gespenstisch: Das Telefon klingelt, und sie ermahnt mich, noch ehe sie den Hörer abhebt: »Aber nur fünf Minuten, ja?«*

Wir sind alle darüber einer Meinung, daß kein Mensch so überscharf sieht, hört oder riecht wie eine Mutter. Einer von den Jungen hat uns erzählt, daß er mal einen Kaugummi im Schuh hatte, und seine Mami sagte: »Komm, nimm den Kaugummi raus, sonst bleiben noch deine Einlagen dran kleben.«
Wo Sie doch so viel über Kinder schreiben, dachten wir, Sie könnten uns das mit den Müttern erklären.

Hochachtungsvoll
Cathie

Liebe Cathie mit all Deinen Freundinnen,
Euer Brief hat mir richtig Spaß gemacht. Wenn man euch so hört, müssen eure Mütter ja die reinsten Hellseherinnen sein wie die berühmte Jean Dixon. (Sitz gerade, halt das Buch nicht so nah vor die Nase, du wirst dir noch die Augen verderben!)
Dabei hat das Muttersein nichts Geheimnisvolles. Alle Mütter waren mal normale, durchschnittliche Kinder, wie ihr zur Zeit seid. Als sie dann erwachsen waren und Mutter wurden, haben sie den natürlichen Röntgenblick, die zwei Augen im Hinterkopf, das ökologische Gehör und den scharfen Geruchssinn entwickelt, der bei nassen Turnschuhen sofort aktiv wird. (Bitte fragt mich nicht, was ökologisch bedeutet, schlagt im Lexikon nach.)
Wir Mütter haben übrigens keinen dieser Sinne als besonderen Segen empfunden. Eher als Überlebens-

instinkt. *Ohne sie wären wir noch empfindlicher und verletzlicher! (Zieh keine Grimasse! Wenn die Uhr schlägt, bleibt dein Gesicht stehen, und dann sollst du mal sehen!)*

Eines Tages, wenn sich auch bei euch das Mutterschaftshormon entwickelt hat, werdet ihr spüren, daß jemand an den Eisschrank geht, während ihr auf dem Elternabend seid. Und ihr werdet genau wissen, wann Schuhe naß und dreckverkrustet sind, auch wenn ihr sie nicht finden könnt. Ihr werdet fühlen, daß euer Kind lügt, auch wenn es vor euch steht, die Bibel in der einen, den Rosenkranz in der anderen Hand und über ihm an der Wand ein Bild von Maria mit dem Jesulein.

Im Grunde sind wir Mütter vollkommen normale Menschen. Wir behaupten nicht, genau zu wissen, wie man Kinder großzieht.

Im Gegenteil, im Laufe der Jahre habe auch ich eine Menge Dinge beim Kindergroßziehen erlebt, die ich überhaupt nicht begreife. Zum Beispiel:

Wer ist eigentlich dieser Weißnich?

Seit ich mich erinnern kann, beherbergt unser trautes Heim ein viertes Kind. Es heißt Weißnich. Alle haben es gesehen, nur ich nicht. Für mich steht nur fest, daß es ein grauenvoller Schlamper ist.

»Wer hat die Vordertür offengelassen?«

»Weißnich.«

»Wer hat das Stück Seife im Ausguß aufweichen lassen?«

»Weißnich.«

»Wer hat die Banane aufgegessen, die ich zur Tortenverzierung brauche?«

»Weißnich.«

Dieser Weißnich wird mich noch wahnsinnig machen. Er hat zwei Regenschirme verloren und vier Paar Überschuhe und ein Fahrrad irgendwo stehenlassen. Er hat dreizehn überfällige Bücher nicht zur Leihbibliothek zurückgetragen, seit drei Jahren kein Zeugnis mehr aus der Schule heimgebracht und eine Thermosflasche mit Milch drei Wochen lang im Auto liegenlassen.

Neulich klingelte das Telefon. Ich raste vom Briefkasten ins Haus, stieß mir das Schienbein blau, riß mir in der Tür einen Fingernagel ab und kam gerade noch rechtzeitig an den Apparat um mit anzusehen, wie mein Sohn den Hörer auflegte.

»Wer war es denn?« fragte ich keuchend.

»Weißnich. Hat einfach eingehängt.«

Als ich das meiner Nachbarin erzählte, sagte sie: »Machen Sie sich nichts draus. Ich habe auch seit Jahren ein unsichtbares Kind.«

»Wie heißt denn Ihres?«

»Niemand.«

»Auch ein so gräßliches Balg?«

»Mit dem verglichen waren Max und Moritz Musterknaben! Es hat den Deckel einer antiken Konfektschale zerbrochen, es zerfetzt die Zeitung, ehe jemand auch nur einen Blick hineingeworfen hat, und hat mir mal, als ich die Kinder zur Schule fuhr, mit einem Baseballschläger so auf den Kopf gehauen, daß ich fast ohnmächtig geworden bin!«

»Ha!« sagte ich erbittert, »Sie sollten Weißnich kennenlernen! Der hat neulich beim Weggehen sage und schreibe 13 elektrische Birnen brennen lassen. Ich weiß wirklich nicht, wie ich das noch länger aushalten soll.«

Heute früh beim Frühstück fragte ich meine Familie:

»Wer will Leber zum Abendessen?«

Da blickte mein Mann auf und sagte: »Miregal.«

Das kann nur eins bedeuten: Weißnich hat einen Bruder.

In welchem Alter kann ein Kind sich allein anziehen?

Manche Leute sagen, wenn ein Kind bis zum Schmutzwäschekorb kriechen kann, ist es imstande, die Verantwortung für seine Kleidung zu übernehmen.

Ein Kind entwickelt seine Persönlichkeit lange ehe

es Geschmack entwickelt. Ich habe meine Gören morgens in Gewandungen in die Küche stolpern sehen, zu deren Komplettierung nur noch eine Kleinigkeit fehlte: eine leere Gin-Flasche.

In jeder Familie gibt es ein Kind, das sich liebend gern »verunsichert« fühlt und bei dem man alle fünf Minuten die Emotionaltemperatur messen muß. Ich nenne das »Spindkontrolle«. Um sieben Uhr morgens erscheint besagtes Kind (es ist eine Tochter) vollständig bekleidet am Frühstückstisch, bereit in die Schule zu fahren. Noch ehe die Cornflakes in der Schüssel aufgehört haben zu knistern, ist sie schon wieder in ihr Zimmer verschwunden und hat sich total umgezogen. Allerdings genügen fünf armselige Wörtchen der Mutter (»Heute siehst du aber nett aus«), und sie bricht in Tränen aus und stürzt erneut in ihr Schlafzimmer, um sich nochmals von Kopf bis Fuß neu einzukleiden.

Diese Variante von ›Bäumchen-wechsel-dich‹ spielt sie so lange bis

a) ihr die Kleider ausgehen

b) der Schulbus abfährt

c) ihre Mutter in eine Anstalt verbracht wird, wobei die Ereignisse nicht unbedingt in der genannten Reihenfolge eintreten müssen.

Aber es gibt auch immer das Kind, das eine tief eingewurzelte Abneigung gegen saubere Sachen hat. Es ist allergisch gegen Bügelfalten in Hosen, gegen Socken, die noch weiche Zehenpartien haben, gegen zusammengelegte Unterhosen und Pullover, an denen man riechen kann, ohne sofort ohnmächtig umzufallen. Es ist das Kind, das beim Werbefernsehen immer dann begeistert Beifall klatscht, wenn Schmutzränder an Kragen und Manschetten gezeigt werden.

Das genaue Gegenteil ist der Junge, der nichts von dem will, was bei ihm im Schrank hängt. Er will nur das anziehen, was gebügelt werden muß. Ich habe immer gesagt: »Wenn ich in meinem Bügelkorb nichts anderes mehr hätte als eine Windel, würde dieses Balg dazu einen Zylinder aufsetzen und als ›Neues Jahr‹ verkleidet in die Schule gehen.«

Voriges Jahr erlaubten wir unseren Kindern, ihre Koffer für die Ferien selbst zu packen. Einer unserer Jungen trug eine ganze Woche Baseballmütze und braune Cordhosen (wir erzählten überall, er habe eine Kopfoperation hinter sich). Der andere nahm nur einen Mantel mit, und zwar in Form einer alten Militärjacke seines Vaters (er sah darin aus wie ein Deserteur der gegnerischen Seite). Der dritte verfügte nur über ein einziges Paar Schuhe, rot-weiß-blaue Turnschuhe. Die einzige Situation, in der er darin nicht unpassend wirkte, war unter einem Basketball-Korb in einem Stadion.

Vorige Woche sahen meine drei Kinder schlimmer aus als üblich. Auf dem Weg zur Haustür hielt ich sie auf und fragte: »Warum habt ihr euch denn so besonders gräßlich ausstaffiert? Braucht man in einer Schulaufführung noch drei Clowns?«

»Nein, heute wird 'n Klassenfoto aufgenommen.«
Das ist mal wieder typisch.

Der Soundso war immer mein Liebling

Eine Frau denkt über den Namen für das Baby schon nach, wenn sie erst seit fünf Minuten weiß, daß sie eins erwartet. Diesen Namen schreibt sie auf ein Blatt Papier, spricht ihn laut vor sich hin, nennt ihn als Test allen Bekannten und stickt ihn in Hemdchen. Wenn das Baby dann da ist, flüstert sie ihm diesen Namen leise ins Ohr, schreibt ihn auf Dutzende von Geburtsanzeigen und läßt ihn beim Standesamt eintragen.

Ein paar Jahre und Kinder später weiß sie meist gar nicht mehr, wer das ist.

Wie ich höre, gibt es Mütter, die zehn, zwölf Namen durchprobieren, ehe sie zufällig auf den richtigen stoßen. Und die Kinder halten die ganze Übung für einen Streich des Unterbewußten à la Professor Freud. Es wird zum Trauma, denn »wenn Mami mich wirklich lieb hätte, würde sie sich doch an meinen Namen erinnern«. Das ist natürlich Blödsinn. Ich habe Marc . . . äh . . . Mary . . . Mike . . . . . . Matthis . . . äh . . ., eben Soundso ebenso lieb wie Bet . . . äh . . . Beverly . . ., Barb . . . na du weißt ja selber, wie du heißt.«

40

Unser Psychiater im Nachbarhaus gibt mir völlig
recht. Er sagt, wenn eine Mutter nicht wie aus der Pi-
stole geschossen ihr Kind beim Namen nennen kann,
beweist das gar nichts.
Die Tage, an denen ich noch weiß, nach wem ich
meine Kinder getauft habe, oder gar, wer wer ist,
kann ich im Kalender rot anstreichen.
Kürzlich unterhielt ich mich mit einem jungen Ehemann. Er war eins von sieben Geschwistern und
wurde in seiner Jugend kein einziges Mal beim richtigen Namen gerufen. »Meine Mutter hat uns eben
durcheinandergebracht, weil wir daheim so viele waren«, sagte er verständnisvoll.
Nur ungern ließ ich seine Theorie platzen, aber ich
war lange Zeit das einzige Kind und wurde trotzdem
Sara . . . Betti . . . Evel . . . Edna gerufen. Meine ver-
zweifelte Mutter pflegte schließlich zu brüllen: »Wie
lange soll ich dich denn noch rufen, damit du endlich
antwortest?« Und ich rief zurück: »So lange, bis du's
triffst.«
»War ich wenigstens nah dran?« schrie sie.
»Edna war schon ziemlich heiß!«
»Ja, der Name Edna hat mir schon immer gefallen«,
meinte sie gedankenvoll. »So hätte ich dich nennen
sollen.«
»Und warum hast du mich dann Erma genannt?«
»Weil man sich's leichter merken kann.«

Ach, hätten wir doch unsre eigene Wohnung!

Wir wußten, daß unsere Kinder es in den falschen Hals bekommen würden, taten es aber trotzdem.

»Kinder«, verkündete ich, »euer Vater und ich hätten gern eine eigene Wohnung – für uns allein.«

Eins der Kinder blickte von den Hausaufgaben auf, die anderen beiden stellten den Fernseher leiser.

»Was hast du gesagt?«

»Ich habe gesagt, wir würden gern ausziehen und ein Weilchen für uns leben.«

»Ja, aber warum denn?« fragte unsere Tochter. »Seid ihr denn hier nicht glücklich? Ihr habt doch euer eigenes Zimmer und könnt tun und lassen, was ihr wollt.«

»Ich weiß, aber viele Eltern in unserem Alter gehen jetzt ihre eigenen Wege.«

»Das wird aber teuer«, sagte unser Sohn. »Habt ihr auch an die Lebensmittel gedacht, an die Telefonrechnungen und die Zeitungen und die hundert anderen Kleinigkeiten, die ihr hier als selbstverständlich hinnehmt?«

»Wir haben das alles durchgesprochen und bedacht.«

»Nun spuckt's schon aus«, sagte unsere Tochter. »Was stört euch denn am Zusammenleben mit uns? Haben wir zuviel verlangt? Worum haben wir euch denn schon gebeten? Doch nur darum, daß ihr kocht, die Betten macht, die Wäsche wascht, den Hof und den Wagen in tadellosem Zustand haltet und das Geld heranschafft. Ist denn das so schwer?«

»Das ist es nicht«, sagte ich milde. »Wir möchten gerne selbständig sein, uns eine eigene Wohnung einrichten und kommen und gehen, wie es uns paßt.«

»Wenn es um den Wagen geht, warum sagt ihr das nicht gleich? Wir könnten uns doch arrangieren.«

»Es geht nicht um den Wagen. Wir wollen unsere Stereoplatten spielen, wann wir wollen, und spät heimkommen dürfen, ohne daß uns einer fragt: ›Wo wart ihr eigentlich so lange?‹ Und Leute zu uns einladen, ohne daß uns jemand die Sauce für die Kartoffelchips vorher wegfrißt.«

»Womit wollt ihr diese Wohnung denn möblieren?«

»Ach, wir brauchen nicht viel. Wir nehmen nur ein paar Kleinigkeiten mit, ein bißchen Bettwäsche, die Schlafzimmermöbel, die Schreibmaschine, die Koffer, den Kartentisch mit den dazugehörigen Stühlen, den alten Fernsehapparat, den ihr sowieso nie benutzt, und ein paar Kochtöpfe und Pfannen.«

»Aber ihr ruft jeden Tag an!«

Wir nickten.

Als wir zum Wagen gingen, hörte ich einen unserer Söhne tuscheln: »Wartet bloß ab, wenn die ihre erste Stromrechnung kriegen, kommen sie wieder.«

43

Und nach mir – was kommt dann?

Keiner weiß, wie lange er noch zu leben hat, und mir ist der Gedanke entsetzlich, diese Welt verlassen zu müssen, ohne daß ein einziger meiner Angehörigen weiß, wie man eine neue Rolle Klopapier einsetzt.

Es ist eine bedrückende Vorstellung, daß eines Tages vier erwachsene Menschen wie benommen durcheinanderquirlen und zueinander sagen werden: »Ich habe gemeint, sie hätte es *dir* beigebracht!« oder »Wenn ich nur gewußt hätte, *wie* krank sie ist, hätte ich besser aufgepaßt.«

Die Toilettenpapierrolle ist nicht das einzige mechanische Problem, das keiner in unserem Hause außer mir je gemeistert hat. Ich habe daher eine Art Leitfaden für die Familie zusammengestellt: »Wie kommen wir über die Runden, wenn Mami nicht mehr ist.«

Klopapierrolle erneuern

Man umfaßt die Rolle mit der ganzen Hand und schiebt sie sanft seitwärts, wo eine Feder sie hält. Die Rollenspindel lockert sich, und man kann die alte Papierrolle abziehen und wegwerfen. Dann nimmt man eine neue Toilettenpapierrolle und schiebt sie mit dem einen Ende über den hölzernen Achszapfen, bis die Feder einrastet. Wenn man einen leisen Klick hört, ist sie richtig befestigt.

Zahnpasta vom Waschbeckenrand entfernen

Ehe die Zahnpasta erhärtet und mit Keramik oder Email eine dauernde Verbindung eingeht, läßt man Wasser aus dem Wasserhahn über alle befallenen Stellen laufen und wischt leicht mit Händen oder Waschtischtuch nach. Nun ist das Becken bereit für den nächsten Zahnpastenschmierer.

Herd, Back- und Bratofen

Wer warm essen will, braucht einen warmen Herd. Wenn es sich um einen Gasherd handelt, setzt man ihn in Betrieb, indem man den Knopf dreht oder den Hebel umlegt und ein brennendes Zündholz über den Brenner hält (möglichst ohne den Herd zum Flammenwerfer werden zu lassen). Ist der Herd elektrisch, streckt man den Zeigefinger aus und drückt fest auf den Knopf der gewünschten Hitzeeinstellung. Vorsicht: Bitte das Kochgut nicht direkt auf die Kochplatte werfen, sondern vorher in Pfanne oder Topf schütten!

Eine Tür schließen

Das sieht schwerer aus, als es ist. Wenn die Tür offensteht, versichere man sich, daß keine Fremdkörper (Kinder, Füße, Pakete) im Wege sind, dann greift man sie fest an der Klinke oder dem Türknopf und

zieht oder stößt sie zu, bis sie einrastet. Sie laut zuzu-
werfen, schließt sie keineswegs fester, als wenn man
sie sanft einklinkt.

Licht ausknipsen

Jede Lampe wird nach dem gleichen Prinzip aus- und
angeknipst. Handelt es sich dabei um einen Schalter
an der Wand, so knipst man ihn von oben nach unten
oder umgekehrt, bis man kein Licht mehr sieht.
Handelt es sich um einen Zugmechanismus, so um-
schließt man die Kette oder Leine fest mit Daumen
und Zeigefinger oder mit der ganzen Faust und zieht
einmal kurz. Dadurch geht das Licht normalerweise
aus.

Gebrauchsanweisung für den Waschkorb

Man lasse sich nicht dadurch irritieren, daß auf dem
Deckel des Korbes für Schmutzwäsche weder eine
Gebrauchsanweisung noch eine Einstellskala zu se-
hen ist. Der Oberkörper wird leicht abgebogen, d. h.
nach vorn gebeugt, man nimmt Socken, Hose oder
Handtuch vom Boden auf, öffnet den Deckel des Wä-
schekorbs und wirft die schmutzigen Wäschestücke
ins Innere. Von dort wird sie die gute Fee aus dem
Märchen abholen.
Haltet diesen Leitfaden stets griffbereit!
Falls diese Sachkenntnisse mit mir ins Grab sinken,
bleibe ich lieber hier!

Warum wird über eine ganz normale, durchschnittliche Familie wie uns keine eigene Fernsehserie gedreht?

Neulich abends sah ich im Fernsehen eine typisch amerikanische Familienkomödie. In dieser Familie krümmten sich alle ständig vor Lachen.

Wenn der Papi den Mund auftat, kam jedesmal etwas ganz Pfiffiges. Die Mutter war ein Original, über die konnte man sich göttlich amüsieren. Und was für schlagfertige Antworten die Kinder ausspuckten: einfach genial! Ich sah mich um und zählte die Häupter meiner Lieben. Mein Mann las mit tiefen Sorgenfalten auf der Stirn die neuesten Katastrophenmeldungen in der Zeitung. So sieht er immer aus, seit er seine Hagel-Versicherung hat verfallen lassen. Ein Kind hing am Telefon und tönte alle anderthalb Minuten: »Das darf doch nicht wahr sein!« Ein weiteres hatte sich mit der Stereoanlage in seinem Zimmer eingeschlossen, und das dritte glotzte verdrossen in den Eisschrank und wartete auf ein bißchen Wärme und Zuneigung.

»Das Schlimme an unserer Familie ist, daß wir nicht komisch sind. Alle anderen Familien der Welt sitzen zusammen, geben originelle Sätze von sich und prusten ununterbrochen vor Lachen. Bei uns lösen die

Sechsuhrnachrichten mehr Lacher aus als wir. Wir müssen uns etwas anstrengen, sonst kriegen wir nie unsere eigene Fernsehserie.«

Am nächsten Abend jodelte ich, als ich den Wagen meines Mannes in der Einfahrt hörte: »Kündaaa, Papi kommt!«

»Ei, ei, sieh da«, sagte unser Sohn. »Da ist ja unser Väterchen mit der dicken Brieftasche voller unbezahlter Rechnungen.«

»Was ist denn mit euch los?« fragte mein Mann. »Hat man mal wieder den Wagen abschleppen müssen?«

In diesem Augenblick jauchzte plötzlich auch unser jüngstes Kind fröhlich auf (ich fiel vor Überraschung beinahe vom Stuhl).

»Du, Mami«, ließ einer unserer Söhne sich vernehmen, »wenn man einen Kotflügel von einem Chevrolet nimmt, Chromteile von einem Ford und eine Radkappe von einem Pontiac, was kriegt man dann?«

Ich wußte es nicht.

»Sechs Monate!«

»Sag mal, wolltest du heute nicht mal ins Freie und tüchtig auslüften?« fragte mein Mann liebevoll besorgt. »Stimmt«, erwiderte ich und rammte ihm neckisch kichernd den Ellbogen zwischen die Rippen. »Hast du übrigens gehört: Max hat endlich einen Pudel für seine Frau gekriegt!«

»So einen Tausch lasse ich mir gefallen.«

48

»Du Papi«, flötete unsere Tochter. »Der Hund hat eben Mamis Hackbraten aufgefressen!«

»Weine nicht«, entgegnete er, »ich kauf' dir einen neuen Hund!«

In diesem Augenblick steckte meine Mutter den Kopf in die Tür.

»Gibt es hier vielleicht Kaffee?«

Erschöpft von unserem tollen Humor sanken wir in unsere Sessel. Gott sei dank gibt es immer Pausen mit Werbefernsehen.

3.
Ehret die Frauen, sie flechten und weben

Es ist ein schreckliches Gefühl, wenn
man morgens aufwacht und fest-
stellt, daß man über Nacht aus der Mode gekommen
ist.
Das widerfuhr Millionen von Hausfrauen, die eines
Tages in den Spiegel blickten und sich sagen mußten:
»Den lieben, langen Tag immer wieder für irgendein
schußliges Familienmitglied den Klodeckel schlie-
ßen, füllt mein Leben nicht aus.«
Die Frauen waren es eben leid, nur noch Knopf-
Druck-Arbeit zu leisten. Außerdem fingen die
Knöpfe bereits an, sich zu wehren. In Michigan
saugte eine Hausfrau morgens ihren Teppich und
bückte sich, um etwas vom Boden aufzuheben. Dabei
wurde ihr Haar in den Bürstenroller gezogen, sie fiel
auf den Staubsauger und ihre linke Gesichtshälfte
bekam einen Elektroschock verpaßt.
Die Hausfrauen nahmen der Britischen Gesellschaft
für Medizin nicht mehr ab, daß Hausarbeit das Geheimnis weiblicher Langlebigkeit und als ›Trimm-

Dich-Übung‹ gesundheitsfördernd sei. Als ich eines nachmittags auf den Knien lag, mit dem Rücken die Roste der Etagenbetten abstützte und versuchte, die Verbindungsstifte in die Schlitze zu kriegen, fragte mein Mann: »Was machst du denn eigentlich da unten?«

»Ich verlängere schon wieder mal mein Leben«, erwiderte ich trocken.

»Die Dinger rutschen doch bloß wieder raus«, sagte er. »Warum besorgst du dir keine längeren Stifte?«

»Als ich die Betten bekam, waren die kleinen Lieblinge länger«, sagte ich.

»Fang nicht wieder an, technische Gegenstände zu vermenschlichen«, sagte er. »Wenn du ewig hier im Hause hockst, wirst du noch total lütütü. Du solltest öfter ausgehen. Wenn du den Kram hier in Ordnung gebracht hast, mach' doch mal etwas, was du dir schon immer gewünscht hast.«

Ich setzte mich auf meine Fersen und überlegte. Was hatte ich mir schon immer gewünscht? Ich hatte mir schon immer gewünscht, einfach davonzulaufen!

Kennen Sie dieses Gefühl? Sie haben zwei Wochen lang Diät gehalten und dabei drei Pfund zugenommen. Sie hetzen sich halb zu Tode, um rechtzeitig zum Ausverkauf ins Kaufhaus zu kommen, und dann gibt es dort nur noch doppelt breite Laken, Platzsets und Kissen fürs Kinderbett.

Ihre beste Freundin (der Sie immer Ihr volles Vertrauen geschenkt haben) ruft an, um Sie durch die

Mitteilung zu beschämen, sie hätte eben gelernt, Brot zu backen. Irgendein Witzbold hat HILFE! in den Staub auf der Kommode gemalt.

Sie nehmen sich aus dem Supermarkt eine Frauenzeitschrift mit, deren Schlagzeile lautet: IST JACKIE ONASSIS' VERSCHWENDUNGSSUCHT EINE GEISTIGE STÖRUNG? und entdecken dann beim Lesen, daß Sie selbst seit Jahren an genau dieser geistigen Störung leiden.

Die Mannschaftsführerin der Handballelf Ihrer ehemaligen Oberschule ist soeben Großmutter geworden. Der Supermarkt hat gerade jetzt Ihr Besteck ausgehen lassen, und das Leinenkleid, an dem Sie vierzig Minuten lang herumgebügelt haben, ist zu eng geworden.

Sie wollen am Autoschalter einer Bank vorfahren, und der Wagen vor Ihnen kriegt einen Platten. Sie sehen Ihre Nachbarin ins Büro gehen und schreien ihr neiderfüllt nach: »Möge Ihre IBM durch Radierbrösel blockiert sein!« Der Tiefpunkt ist erreicht: Sie können nicht mehr.

Eines Tages entdeckte ich in einer führenden Zeitschrift einen Artikel mit der Überschrift: ›Die Frauen von heute stehen ihren Mann‹. Den Anfang machte das Bild einer üppigen Blondine auf einer Baustelle in einer Gruppe von Männern, denen sie eine Konstruktionszeichnung erläutert. Es entging mir nicht, daß ihre Schuhe farblich genau auf ihren gelben Schutzhelm abgestimmt waren.

53

Auf dem zweiten Bild stand sie in einem weich fallenden Pyjama über den Herd gebeugt und rührte in einer Kasserolle *Filet mignon* (Rezept Seite 36), während ihr Mann den Salat mischte und die lieben Kleinen den Tisch deckten.

Mir drehte es buchstäblich den Magen um.

Ich war wild darauf, ebenfalls ›meinen Mann zu stehen‹. Stehen mußte ich ja sowieso sehr viel. Allein die Vorstellung: jeden Morgen auf und davon ins schöne Büroteppichbodenland!

Frisches Brot zum Lunch! Telefonieren dürfen an einem Apparat, dessen Hörer nicht von Pflaumenmus klebt! In jeder Kniekehle einen Tropfen Parfum, das die Ladenschwengel verrückt macht!

Laut sprach ich vor mich hin: »Das könnte *ich* sein. Jawohl, ich. Wenn. Ja, wenn ich einen Babysitter hätte.« Als mein Entschluß erst feststand, ließ ich ein halbes Jahr lang Babysitter antanzen und sich vorstellen. Es ist betrüblich, wenn man konstatieren muß, daß kein Mensch für viel Geld etwas tun will, was man selbst jahrelang umsonst hat tun müssen.

Da sprach vor: eine Dame, die konnte nur so lange bleiben, *bis* die Kinder aus der Schule heimkamen.

Eine andere, die hielt viel vom Wert des Mittagsschläfchens für Personen über 30.

Eine, die kam nur einen Tag lang und kündigte dann mit dem Bemerken: »Ich kann nicht in einem Haushalt arbeiten, in dem der Wasserkrug aussieht wie ein Briefbeschwerer, in dem es schneit!«

Wie ich bald feststellte, hatten andere Frauen das gleiche Problem. Eine Freundin – gelernte Krankenschwester – machte geradezu niederschmetternde Erfahrungen. Sie fand eine Perle, die sich verpflichtete, die Kinder zu hüten, falls sie genaueste Anweisungen bekäme. Am ersten Abend hinterließ meine Freundin folgende Weisungen:

Greg bekommt früh um 8 Uhr und vor dem Mittagessen je einen Teelöffel von der rosa Medizin im Eisschrank. Er hat ein ansteckendes Ekzem, waschen Sie sich daher sorgfältig die Hände mit Wasser und Seife, und erlauben Sie ihm nicht, die Trinkgläser der anderen Kinder zu benutzen.

Paula bekommt einen Teelöffel von der gelben Medizin in der braunen Flasche um 8 Uhr morgens und zum Mittagessen. Für das Mittagessen selbst ist noch viel Dosenschinken, Erdnußbutter etc. da.

Paula muß alle zwei, spätestens drei Stunden aufs Töpfchen gesetzt werden. Töpfchen und Kinderstühlchen stehen im Wohnzimmer im ersten Stock.

Lassen Sie den Hund nicht in die Nähe von Kaugummi. Er ist verrückt drauf, muß aber anschließend jedesmal zum Tierarzt, der ihn wieder davon befreit. Er kriegt einmal täglich seine Grippe-Tablette. Dabei soll Frank (der sowieso den ganzen Tag im Haus aus- und einrennt) ihn festhalten, damit er Sie nicht beißt.

Bitte notieren Sie, wer anruft.
Bitte die Toilette in der Waschküche nicht benutzen,
sie läuft über.
Wenn Sie Fragen haben, rufen Sie mich an. Wenn je-
mand fragt, wer am Apparat ist, sagen Sie einfach,
eine Schwester.

Als meine Freundin heimkam, war die Tür mit Läm-
merblut markiert, und an einem Nagel hing ein
großes Quarantäneschild. Der Babysitter war flüchtig.

Man braucht nur einmal im Leben berufstätig gewesen zu sein, um zu wissen, daß ›die moderne Frau
steht ihren Mann‹ purer Schwachsinn ist. Vielleicht
waren auch die Bildunterschriften verwechselt. Vielleicht hatte die abgebildete Dame das Flatterhemd
zur Arbeit an und trug den Schutzhelm im eigenen
Heim. Schließlich ist das traute Heim weiß Gott eine
Gefahrenzone, in der sich ein Schutzhelm emp-
fiehlt.

Wo bitte waren die Bilder, auf denen man sie durch
die Küche jagen sah, in heruntergetretenen Pantof-
feln, in jeder Achselhöhle ein Kotelett, um es schneller aufzutauen, und wie eine Irre brüllend: »Ich weiß,
daß ihr im Haus seid, ihr Schlawiner! Ich höre eure
Mägen knurren!«

In besagtem Artikel war dann noch die Rede von einem Arbeitsbogen, auf dem jedes Familienmitglied
zu bestimmten Pflichten eingeteilt wird, und schon

hat die liebe Mutter Zeit genug, ganztägig berufstätig zu sein und danebenher noch zu malen, ihre Mäntel selbst zu schneidern und für den Landtag zu kandidieren.

Das stimmt ja vorn und hinten nicht!

Ich rief mal bei mir zu Hause an und verlangte: »Ich möchte euren Vater sprechen.«

»Der ist beim Zahnarzt«, sagte mein Sohn. »Er hat sich heute früh am gefrorenen Brot einen Zahn abgesplittert.«

»Wer steht auf dem Arbeitsblatt als Brotauftauer?«

»Ich, aber ich hab' meinen Schlüssel vergessen, bin ausgesperrt worden und über Nacht bei Mike geblieben. Der Milchmann ist auch ausgesperrt gewesen. In der Garage stehen 24 Liter Milch.«

»Und wo ist deine Schwester?«

»Ich hab' das Bett gemacht und sie gleich drin gelassen. Sie spricht nicht mit mir. Übrigens, in der Waschmaschine liegt nasse Wäsche und die hat so 'nen komischen rostbraunen Überzug. Und die Schweinerippchen tauen wir gerade mit deinem Haartrockner auf. Rate mal, *wer* vergessen hat, den Hund beim Heimkommen noch mal rauszulassen. Wann kommst du eigentlich nach Hause?«

»Morgen. Habt ihr Sehnsucht nach mir?«

»Nein, aber nach dem Arbeitsblatt bist du mit Geschirrwaschen dran.«

Geteilte Verantwortung, darum geht's bei der ganzen Frauenbefreiung! Wenn Frauen jemals Anerkennung finden sollen, müssen erst mal die Ehemänner die Kinder zur Schule transportieren – und wenn es nur ein einziges Mal wäre.

Kinder zur Schule bringen und sie von dort holen, steht auf der Wunschliste meines Mannes ungefähr an 26. Stelle. Etwa zwischen »Lunch in einer Konditorei« und »Kegelkugel auf den großen Zeh fallen lassen«.

Vor seinem ersten Versuch glaubte ich ihn warnen zu müssen. »Denk immer daran, es sind kleine Kinder, keine Postsäcke. Das heißt, daß du erst ganz anhalten und ihnen die Tür aufmachen mußt. Brüll sie nicht an, und sorge dafür, daß auch bestimmt jeder von den sechsen sein eigenes Fenster zum Rausschauen hat. Hals und Beinbruch!«

Als er etwa anderthalb Stunden später zitternd durch die Tür gewankt kam, entspann sich folgende Unterhaltung zwischen uns:

»Wieso kommst du denn erst jetzt?«

»Also, es fing schon damit an, daß einer von diesen Heinis nicht einsteigen wollte, weil seine Mutter ihm verboten hatte, mit Fremden zu fahren. Dann ging bei der kleinen Soundso das Namensschildchen vom Mantel ab, und sie wußte nicht mehr, wer sie war. Debbie hat drei Straßen weit nur geheult, weil sie ihr Frühstückspaket hat liegenlassen. Und Cecil . . ., ich glaube, so heißt er, der andauernd die Strickjacke auf- und zuknöpft, weil er nie die richtigen Knöpfe in die richtigen Knopflöcher kriegt . . .«

»Ja, das ist Cecil . . .«

»Also der hat behauptet, er wohnt in der Molkerei.«

»Aber das kann doch alles unmöglich so lange gedauert haben?«

»Nein, daran ist Michael schuld. Verspätet habe ich mich wegen Michael. Er hat gesagt, er weiß nicht, wo er wohnt, und um ihn zu trösten, habe ich ihm einen Lutscher geschenkt. Und dann bin ich zwanzig bis dreißig Minuten lang im Kreis gefahren, bis er endlich sagte: ›Das da ist unser Haus‹. ›Michael‹, hab' ich zu ihm gesagt, ›an diesem Haus kommen wir jetzt schon mindestens das zwanzigste Mal vorbei. Warum hast du denn nie was gesagt?‹«

»›Weil‹, so sprach er, ›man mir verboten hat, mit vollem Mund zu reden‹.«

Manche behaupten, man müsse Kindern Verantwortung übertragen, das erhöhe ihr Selbstgefühl. Andere wiederum meinen, es erhöht nur eines: die Versicherungsprämien.

Arbeitet eine Mutter außer Haus, so sind zunächst ein paar wichtige grundsätzliche Fragen zu klären, z. B.: Wann wird SOS gefunkt, oder, mit anderen Worten: Wann darf man die Mami an ihrem Arbeitsplatz anrufen?

Es gibt Notfälle, daran besteht kein Zweifel. Für diese Notfälle müssen Richtlinien aufgestellt werden. Ehe ein Kind seine Mutter am Arbeitsplatz anrufen darf, muß es sich fragen:

1. Fällt die Mami tot um, wenn sie das hört?
2. Wird sie nachmittags nach 5 Uhr noch einen Installateur auftreiben?
3. Wird sie ihre Drohung wahrmachen, in eine andere Stadt zu ziehen und ihren Namen zu ändern?

Lauten die Antworten in der entsprechenden Reihenfolge »Ja«, »Nein«, »Ja«, so sollte das Kind versuchen, die Katastrophe in der richtigen Perspektive zu sehen.

Wenn Blut geflossen ist, gilt es zu klären: Ist es das eigene? Das Blut des Brüderchens? Ist es viel? Oder nur wenig? Befindet es sich auf dem Sofa, das keinen schmutzabweisenden Bezug hat? Oder auf der Couch zu achtzig Dollar, die noch immer nicht abgezahlt ist? Wird das Bluten aufhören? War es ein Unfall? War es ein lockerer Milchzahn? Kann man die Sache verschweigen oder als Insektenstich ausgeben?

Ein anderes Beispiel: Wenn jedes zweite Kind in der Umgebung beschließt, das Haus Ihres Kindes sei ein prima Spielplatz, weil kein Erwachsener stört, sollte Ihr eigenes Kind sich überlegen: Möchte ich meine ganzen Entwicklungsjahre in meinem Zimmer eingesperrt verbringen, ohne Essen und Fernseher? Lohnt das die Freundschaft mit einem Jungen, der mit Eiswürfeln nach dem Kanarienvogel zielt? Wird die Mami merken, daß wir in ihrem Starmix Konfetti gemacht haben?

Auch in anderen Situationen gilt es einen festen

60

Stand einzunehmen. Wenn etwa ein paar Nachbars-
kinder beschließen, die Katze zu waschen und hinterher in die Trockenschleuder zu tun, und nicht
wissen, welches Waschprogramm sie einstellen sollen: UNBEDINGT ANRUFEN!

Wenn zwei Brüder sich gegenseitig über der letzten
Flasche Limo ohrfeigen und vors Schienbein treten
und einer wünscht eine Entscheidung auf höchster
Ebene, wer sie austrinken darf: NICHT ANRU-
FEN!

Wenn ein paar Männer mit einem Lieferwagen vorfahren und dem Kind erzählen, die Mami ließe den
Fernseher neu polstern, das Besteck zur Bank bringen, den Schmuck reinigen und das Fahrrad mit der
10-Gang-Schaltung ölen: ANRUFEN, UND ZWAR
SO SCHNELL WIE MÖGLICH!

Wenn der Bruder die Schwester mit dem Garten-
schlauch vor sich her ins Haus treibt und die Möbel
bekommen eine drollige weiße Farbe: ANS TELE-
FON, SCHNELL!

Wenn das Kind sich langweilt und nichts zu tun hat
und sich nur ein bißchen unterhalten möchte: PAPI
ANRUFEN! Wenn die Kinder für einen Babysitter
schon zu groß, für ein vernünftiges Gespräch aber
noch zu klein sind, sollte man für die Sommermo-
nate einen »Leitfaden für Kinder, denen ständig was
einfällt« verfassen, in dem man festlegt, was man von
diesen Kindern erwartet.

Leitfaden für Kinder, denen ständig was einfällt

Dies ist ein Haus.

Fahrzeuge haben in einem Haus nichts zu suchen.

Mehr als 200 Leute dürfen sich nicht im Hause aufhalten, sonst wird es gefährlich und polizeiwidrig. Zuwiderhandlungen werden bestraft.

In diesem Hause lebt ein Hund. Er heißt Spot. Spot rennt gern, spielt gern und apportiert gern. Außerdem erleichtert er sich gern in einigermaßen regelmäßigen Abständen. Beobachte Spot, ob er nötig muß. Er zeigt dies, indem er höher als bis zur Zimmerdecke springt, an der Türklinke nagt oder versucht, sich unter der Tür einen Tunnel zu graben.

Essen macht Spaß. Siehst du dort die Milch? Siehst du die Butter? Siehst du die Leberwurst? Die können nicht laufen. Die können nicht gehen. Die haben keine Beine. Man muß sie in die Hand nehmen und wieder in den Eisschrank stellen, sonst werden sie grün. Grünschimmel hat mit Hoffnungsgrün nichts zu tun.

Hörst du das Telefon klingeln? Es bedeutet, daß jemand mit dir sprechen will. Trrrr. Trrr. Trrrr. Wenn das Telefon klingelt, nimm den Hörer ab und sprich direkt hinein. Sag ›Hallo‹. Sag ›Auf Wiedersehen‹. Sag, was du willst, aber sag was.

Ein Schlafzimmer ist ein besonderer Raum. Suche

62

darin täglich dein Bett auf. Versuche es wenigstens. Manchmal kannst du das Bett nicht sehen, weil so viel unordentlicher Kram draufliegt. Das gehört sich nicht. Ein unordentliches Zimmer ist eine Schlamperei. Fische sterben in einem unaufgeräumten Zimmer. Mütter bekommen in einem unaufgeräumten Zimmer keine Luft. Ein unaufgeräumtes Zimmer ist für Menschen ungeeignet.

Ein Badezimmer ist ein Freund in der Not. Immer zur Stelle, wenn du ihn brauchst. Deckel wollen nicht immer offenstehen. Davon werden sie müde. Handtücher liegen nicht gern auf dem Boden. Dort sehen sie nichts. Pfui. Seife liegt nicht gern ganz unten im Becken und zerfließt. Baba!

Schau, da kommt die Mami heim. Schau, da kommt der Papi heim. Sie kriechen bereits auf allen vieren. Sei gut zu Mami und Papi. »Mami, schau, der Bruce hat ein Loch im Kopf. Jetzt erzähl' ich, Debbie. Ich war's nicht, Papi.«

Willst du Mami verrückt machen?

Soll Papi eine Halsschlagader platzen?

Nein? Dann reiß dich zusammen, reiß dich zusammen, reiß dich . . .

Die Kontroverse, ob man außer Haus arbeiten darf oder im eigenen Heim zu verbleiben hat, geht mit unverminderter Heftigkeit weiter. Denn jede Frau bewertet ihre Bedürfnisse anders und trachtet sie zu erfüllen. Hier muß darauf hingewiesen werden, daß auch das Büro kein Paradies ist. Nichts ist vollkommen. Eines meiner Büros hatte zum Beispiel für den Krankheitsfall folgende Regeln:

Krankheitsfall

Krankheit ist keine Entschuldigung. Auch ein Attest Ihres Arztes ist für uns kein Beweis, denn wir sind der Meinung, wenn Sie in der Lage waren, Ihren Arzt aufzusuchen, hätten Sie auch zur Arbeit kommen können.

Todesfall in der Familie

Ist keine Entschuldigung. Für den Verblichenen können Sie nichts mehr tun, und jemand anders in einer untergeordneteren Stellung kann genausogut die nötigen Maßnahmen treffen. Wenn Sie die Beerdigung auf den Spätnachmittag legen, geben wir Ihnen gern eine Stunde früher frei, vorausgesetzt, Sie sind mit Ihrer Arbeit auf dem laufenden.

Eigener Todesfall

Dabei dürfen Sie mit unserem Verständnis rechnen, wenn Sie
a) zwei Wochen vorher Bescheid geben, damit wir eine neue Kraft für Ihren Job anlernen können;
b) wenn ein solcher Bescheid zwei Wochen vorher

nicht möglich ist, rufen Sie vor 8 Uhr morgens an, damit eine Aushilfskraft engagiert werden kann;
c) dies ist jedoch nur mit Unterschrift des behandelnden Arztes und Ihrer eigenen möglich. Liegen die beiden Unterschriften nicht vor, so wird Ihre Fehlzeit vom Jahresurlaub abgezogen.

Urlaubsbewilligung (für eine Operation)

Diese Unsitte wird nicht länger geduldet. Wir möchten Sie dringend bitten, sich jeden Gedanken an eine Operation aus dem Kopf zu schlagen. Wir sind der Meinung, solange Sie bei uns angestellt sind, benötigen Sie alles, was Sie besitzen, und dürfen nichts davon entfernen lassen. Wir haben Sie so eingestellt, wie Sie sind; Abtrennung eines Teils von Ihnen verstieße gegen den zwischen Ihnen und uns geschlossenen Arbeitsvertrag.

Freizeitbewilligung (für die Toilette)

Es wird im allgemeinen viel zuviel Zeit auf der Damentoilette verbracht. Unser Zeitnehmer hat ermittelt, daß drei Minuten 15 Sekunden ausreichen. Künftig wird eine Regelung eingeführt, daß der Besuch der Toilette in alphabetischer Reihenfolge abgewickelt wird. Mitarbeiter, deren Nachnamen mit A beginnt, zwischen 8 Uhr und 8 Uhr 3 Minuten, 15 Sekunden. Mitarbeiter mit B von 8 Uhr 3 Minuten, 15 Sekunden bis 8 Uhr 6 Minuten, 30 Sekunden und so weiter und so fort. Haben Sie Ihren Zeitpunkt versäumt, müssen Sie bis zum nächsten Tag warten.

Als ich eines Nachmittags im Büro auf den Knien lag und mich abmühte, eine herausgefallene Registraturschublade über den Teppichboden zu zerren, kam der Chef und fragte: »Was machen Sie eigentlich da unten?«
»Ich verlängere mal wieder mein Leben«, sagte ich. »Ich habe ein wissenschaftliches Gutachten gelesen, danach haben Frauen, die außerhalb ihres Heimes arbeiten, ein reicheres, erfüllteres und längeres Leben vor sich.«
»Ich finde aber, Sie sehen müde aus«, sagte er. »Lassen Sie das Büro mal für eine Weile. Gehen Sie heim, backen Sie ein bißchen Brot, bohnern Sie Ihre Böden, und schauen Sie nach Ihren Kindern.«
Da ich zwischen Haushalt und Büro hin und her pendele, werde ich wohl hundert werden. Vielleicht wird es mir auch nur so lange vorkommen.

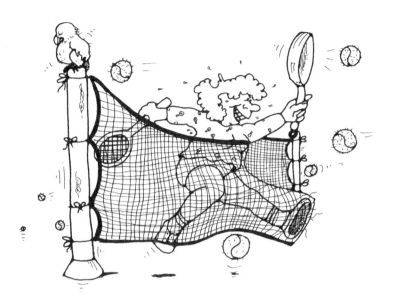

4.

Der weiße Wahn

Wenn ich gewußt hätte, daß der Kampf der Geschlechter auf dem Tennisplatz ausgetragen wird, hätte ich mir keine X-Beine angeschafft.

Ich glaube, alles hat mit Bobby Riggs angefangen, der Königin des grünen Rasens (oder des roten Turfs). Geschäftsleute, Hausfrauen, Studenten, Arbeiter, Politiker, Vorschulkinder – alles »kam an den Ball«.

Gott gnade dem, der dieses Spiel noch nicht beherrscht. Es ist ein grimmiger Kampf, die Barrieren der Snobiety und des elitären Unwesens zu durchbrechen, um bei einem Spiel mitzutun, das jahrelang nur die reichen Kinder der oberen Zehntausend gespielt haben – die mit dem fliehenden Kinn und den ebenmäßigen Perlenzähnen. Sie wissen schon.

Gewiß, gewiß, das klingt voreingenommen. Aber haben Sie schon mal in der Zeitung das Bild eines Rokkefellers entdeckt, wie er mit Turnbeutel in der Hand eine Kegelbahn verläßt, oder einen der Kennedys, der an seinem Motor bastelt, um beim Oldtimer-Rennen zu starten? So kalt kann es im Mittelwesten gar nicht werden, daß man sie nicht mit dem weißen, um den Hals geknoteten Sweater sieht, mit der Hand die Augen gegen das grelle Sonnenlicht beschattend.

Als Novizin des Tennisspiels kam ich mir vor wie Belle Watling (Sie erinnern sich noch an die Bordellmutter in ›VOM WINDE VERWEHT‹, die sich Ehrbarkeit erkaufen wollte, indem sie für ein Krankenhaus stiftete). Mein Problem war: Hat eine von Krampfadern geplagte Weibsperson überhaupt eine Chance, einigermaßen glücklich gegen einen Tennisspieler anzutreten, der schon mit dem Schläger in der Hand auf die Welt gekommen ist? Mein erstes Spiel war eine Katastrophe. Zunächst begegnete ich einem Mitglied der Tennis-Elite; sie musterte mich kühl und abschätzig.

»Weiß hat etwas Vulgäres«, meinte sie naserümpfend. Alles, was Tennisbeine hat, spielt heutzutage nur im farbigen Dreß. Wer ist übrigens Ihr Vorbild?«

»Leroy Ace hat mir ein paar Schläge gezeigt.«

Sie runzelte die Stirn. »Ich glaube, den Namen habe ich noch nie gehört. Für welchen Club spielt er?«

»Den Boys Club. Er arbeitet bei einer Tankstelle und verdient sich etwas nebenbei.«

»Wie gut spielen Sie denn?« fragte sie mich, ehe sie auf die andere Seite des Netzes ging.

»Vorige Woche hatte ich zweimal Schleimbeutelentzündung im Ellbogen.«

»Das bedeutet nur, daß an Ihrem Schlag etwas verkehrt ist. Sie brauchen Hilfe. Was ist Ihnen lieber: Nylon oder Darm?«

»Ich spiele mit allem«, meinte ich achselzuckend.

»Möchten Sie sich erst mal warmspielen?«

»Gern«, sagte ich und schmetterte einen Ball über den Drahtzaun. »Ob Sie's glauben oder nicht, ich spiele erst zwei Tage.«

»Ach, doch schon so lange«, sagte sie blasiert.

»Und Sie?« fragte ich.

»Ich habe noch in der guten alten Zeit gespielt«, sagte sie betont, »ehe man die Tennisplätze für jedermann öffnete.«

Ich ließ sie reden. Ich wußte nur eins: Irgendwo in meinem knolligen kleinen Körper, der bereits über einen Fussel im Teppich stolperte, steckte ein Tennis-As ganz großen Ausmaßes und drängte ans Licht der Flutlichtanlage.

Es war nur eine Frage der Zeit, daß ich in Form kam, lernte, wie man das Rackett aus dem Spanner rauskriegte und nicht nach jedem Aufschlag ins Sauerstoffzelt mußte.

Zunächst aber, das wußte ich, mußte ich lernen, wie man einen Ball aufhebt, sonst würde man mich als Tennisspielerin niemals ernst nehmen.

Ich rief meinen Sohn zu mir.

Wenige Dinge auf der Welt machen mehr Freude, als wenn einem der eigene Sohn Tennisspielen beibringt. Höchstens noch: sich einen Lieferwagen über den Fuß rollen zu lassen.

Es sah fast so aus, als nähme er Rache dafür, daß er als Säugling vom Wickeltisch fiel und daß er an seinem fünften Geburtstag ins Bett gesteckt wurde, als er anfing, Vanilleeis in den Ventilator zu werfen. Vielleicht rächte er sich auch dafür, daß die Eltern ein Visum für Australien beantragten, als er Autofahren lernte.

Auf jeden Fall kam der ganze alte Groll wieder hoch, sobald er mit seiner Mutter den Tennisplatz betrat.

»Okay, machen wir dort weiter, wo wir letztes Mal aufgehört haben: beim Ballaufheben.«

»Ich werde wohl noch einen Ball aufheben können«, meinte ich.

»Ich habe es dir schon mal erklärt: Einen Ball hebt man nicht auf wie ein Gorilla, der nach der Banane grapscht. Es handelt sich um einen Tennisball, wir sind auf einem Tennisplatz, und außerdem gibt es mehrere Techniken. Zuerst lern mal die Vorderhandgreifweise. Leicht bücken und mit dem Schläger auf den Ball tupfen, damit er dir entgegenspringt.«

Nach ein paar Minuten, als ich auf den Knien lag und mit dem Rackett auf die Begrenzungslinie losdrosch, beugte er sich zu mir und sagte: »Du brauchst keine Schlange totzuschlagen. Es geht, wie gesagt, um einen Tennisball. Versuchen wir's mal mit der Ball-am-Fuß-Methode.«

Erschöpft erhob ich mich. »Und wie geht die?«

71

»Du umgreifst das Rackett ganz fest und treibst damit den Ball energisch auf die Innenseite deines linken Fußes. Dann gehst du leicht in die Knie, hebst den Ball circa 15 cm vom Boden und läßt ihn fallen. Er springt hoch, du schlägst noch mal mit dem Rakkett drauf, bis du ihn mit der Hand fangen kannst.«
Ich umgriff das Rackett fest und trieb den Ball auf die Innenseite meines Fußes. Er rollte sofort über den Fuß hinweg in Richtung Netz. Ich trieb ihn in die Ecke und fing an, ihn zentimeterweise mein Bein hinaufzuschieben, verlor dabei das Gleichgewicht und fiel ins Netz.
Wieder näherte ich mich dem Ball, stieß aber versehentlich mit dem Fuß dran, jagte gebückt hinter ihm her bis in eine Ecke des Platzes und preschte in die Umzäunung.
Die nächsten 15 Minuten rollte der Ball – nicht zu fassen! – auf dem ganzen Platz herum, als hätte er einen eingebauten Motor.
Endlich beugte ich mich vor, packte ihn mit der Hand, drückte ihn gegen mein Bein und hielt ihn mit dem Tennisschläger dort fest.
»Okay«, rief ich, »Ball aufgehoben«.
»Das langt für heute«, sagte mein Sohn. »Wir werden das noch ein paar Wochen üben, ehe wir zu dem Versuch übergehen, den Ball zu treffen.«
Ich legte ihm den Arm um die Schultern. »Paß auf, als Gegenleistung sage ich dir jetzt mal, wie du nasse Handtücher vom Badezimmerboden aufhebst. Du

72

machst eine schlichte Rumpfbeuge vorwärts,
nimmst das Handtuch fest in die . . .«
Er war längst weg.
Verdammte Bande. Man sollte ihnen Platzverbot er-
teilen. Ich habe ohnehin meine eigenen Theorien
über Kinder, die ›einfach so‹ Tennis spielen. Sie kennen sicherlich: die Brut winziger Kerlchen, die auf
schicken Tennisplätzen herumhocken, in Tennis-
schuhen, die anderthalb Dollar gekostet und gekno-
tete Schnürsenkel haben, ein in Tijuana hergestelltes
Rackett in der Hand und an einem Eiswürfel lut-
schend. Fordert man sie zum Spielen auf, blinzeln sie
in die Sonne und fragen: »Das Ding hier, wie heißt
das noch gleich?«
Die milde amüsierten Erwachsenen antworten dann
»Tennisrackett«.
Woraufhin der Wicht eine Riesenschau abzieht. Er
kichert in sich hinein, weil seine kurzen, fetten
Händchen nicht zwei Tennisbälle gleichzeitig halten
können und er den einen auf die Grundlinie legen
muß. Man weist ihn an, wo er zu stehen hat, und was
seine ›Form‹ angeht, so hält sie etwa die Mitte zwischen Art Buchwald und einem kurzsichtigen Stier-
kämpfer.
Nach einem kurzen Aufwärmgeplänkel ist der Knabe
nicht wiederzuerkennen. Er wirbelt den Ball über
dem Spann hoch, erzielt bei jedem Aufschlag einen
Punkt, jagt über den Platz wie ein Waldschrat, springt
mit einem Riesensatz übers Netz, um dem Gegner

sein Beileid auszusprechen, und bittet um ein Handtuch.

Nach meinem Dafürhalten sind das gar keine Kinder, sondern Wesen von einem fremden Planeten. Sie nerven mich genauso wie die gewisse Toni Tonangebend. Diese Toni ist allen immer weit voraus. Sie war die erste Frau im Wohnblock mit Rädern unter ihrer Mülltonne und trug, lange ehe es Mode wurde, Sonnenbrillen von der Größe einer venezianischen Karnevalslarve.

Zwei Jahre bevor Tennis zum Volkssport wurde, erschien Toni Tonangebend im Supermarkt, atemlos, mit gerötetem Gesicht, in weißem Tennisdreß, sonnenverbrannt, an den Füßen Tennisschuhe mit Fransenborte über dem Absatz.

»So was Ärgerliches«, sagte sie und schob den weißen Sonnenschutz auf den Hinterkopf. »Ich war genau beim entscheidenden Punkt im ersten Satz, da ist auf einmal Mittag, und ich muß hierherjagen und kann mich nicht mal mehr umziehen. Ich konnte ja nicht ahnen, daß ich Bekannte treffe. Richtig peinlich, so was!«

Wenn die nackte Lady Godiva statt auf dem Pferd auf dem Rasenmäher dahergekommen wäre, hätte das auch nicht mehr Aufsehen erregt.

Binnen weniger Wochen lief jede Hausfrau des Viertels im Tennisdreß herum, und zwar immer und überall, nicht nur, wenn sie gerade ihr Einkaufswägelchen schob.

In der Schule begegnete ich eines Nachmittags in der Halle einer Hausfrau, die in komplettem Tennisdreß zum Direktor wollte.

»Ach, entschuldigen Sie«, sagte ich, »aber auf der Mädchentoilette sind die Wegwerfhandtücher ausgegangen.«

»Wieso sagen Sie *mir* das?« fragte sie und befingerte nervös ihr Stirnband.

»Auf Ihrem T-shirt steht C 1, da habe ich gedacht, Sie sind vielleicht fürs Clo im ersten Stock zuständig.«

»C 1 bedeutet Clubmannschaft erste Spielerklasse. Von Tennis verstehen Sie offensichtlich wenig«, meinte sie reserviert.

Dies war der Tag, an dem ich dem Druck erlag. Seitdem bin ich schon sechs Monate »beim Tennis« und von der Krampfaderriege zur Miß Dilettant gewählt worden – einstimmig!

Obwohl meine Form zweifellos noch der Verbesserung bedarf (Körperform ist gemeint, nicht Spielform), kann ich doch mit Stolz vermelden, daß ich Fortschritte gemacht habe.

Zunächst einmal: Ich weiß jetzt endlich, was ich mit dem zweiten Tennisball anfangen soll. Ihn wegen meiner viel zu kleinen Hände in einer Dose im Auto zu lassen, während ich den ersten aufschlage, ist auf die Dauer etwas unpraktisch. Mir fiel auf, daß ein paar Spielerinnen den zweiten Ball im Bein ihrer Elasti-Stretch-Tennishosen aufbewahren. Ich versuchte

75

es auch, fand aber an dieser Stelle allen verfügbaren Raum bereits besetzt: von meinem Bein. Jetzt lasse ich ihn mir einfach vorn in den Ausschnitt rutschen, so daß sich mein Partner oft das ganze Spiel hindurch über meine Figur wundert.

Ferner habe ich gelernt, wie man das Spiel verzögert und dadurch den Gegner aus dem Takt bringt. So was heißt »Schnürsenkeltrick« und ist von altersher bekannt. Sobald der Gegner servieren will, fällt man auf ein Knie, bindet sich die Schuhe auf, rückt die Lasche zurecht und bindet die Schuhe neu.

(Auch Baseballspieler benutzen diese Verzögerungstaktik seit Olims Zeiten. Erst kürzlich hat ein berühmter Spieler seinen Kautabak verschluckt und neben der Aus-Linie wieder rausgewürgt. Ich kann dummerweise noch nicht speien, wann ich will oder wann es nötig wäre. Ich übe es ständig, *während* ich zurückschlage!)

Eine andere erfolgreiche Masche ist die Rackettkontrolle. Nehmen Sie bloß nicht die Schuld auf sich, wenn Sie einen Ball schlecht oder überhaupt nicht zurückgeschlagen haben. Haben Sie ihn ins Netz befördert oder total verfehlt, stoppen Sie einfach das ganze Spiel, indem Sie die Bespannung Ihres Schlägers überprüfen. Manchmal lassen sich volle fünf Minuten gewinnen, wenn man die Saiten auseinanderbiegt und daran zupft, ob sie auch noch richtig gestimmt sind. So sind Sie die Verantwortung für den schlechten Schlag los.

Vergessen Sie alles, was man Ihnen über Konzentration beigebracht hat. Konzentration wird leicht überschätzt. Wenn mir mein hoch über den Partner weggeschlagener Ball noch Zeit dazu läßt, versuche ich folgendes: Ich schreie übers Netz: »Ihr Reißverschluß steht offen.« Meistens achtet keiner darauf, ja, ich werde für meinen nützlichen Hinweis auch noch beschimpft.

Seit Jahresbeginn habe ich mich allerdings darin vervollkommnet, mich um meine Rückhandschläge zu drücken. Als ich mit Tennisspielen anfing, meinte ich immer, wenn ein Ball links von mir auftraf, ihn mit Rückhand zurückschlagen zu müssen. Inzwischen habe ich gelernt, daß alles andere besser ist, auch wenn ich dazu rittlings auf das 3 m hohe Einfriedungsgitter springen muß.

Es besteht kein Zweifel: Mein Spiel wird von Tag zu Tag besser – in jeder Hinsicht. Neulich sah ich einen Experten mit einem Schläger spielen, der nicht mehr im Spanner steckte. Das muß ich bei Gelegenheit auch mal versuchen.

5.
Portät einer Märtyrerin

Wenn erst die Märtyrerinnen der Gegenwart heiliggesprochen werden
wird man zuerst der Mutter und Ehefrau einen Altar
errichten müssen, die an der Heimatfront ihren
Mann steht, während ihr Gatte durch die Welt gon-
delt.
Diese tapfere Person kämpft, ganz auf sich gestellt,
mit Zeitschriftenwerbern, strapaziert sich in Fahrge-
meinschaften für die Schulkinder ab, hält Fernseh-
fachleuten stand, die den Apparat reparieren kommen, und ihre geschickten Finger finden die
Hauptsicherung des Hauses sogar im Dunkeln.
Wie die meisten Helden, werden auch diese Heroin-
nen zu Lebzeiten selten anerkannt. Wenige Menschen erfassen, welch ungeheure Verantwortung auf
ihren Schultern lastet.
Ich möchte daher hier und jetzt für den Posten der
amtlich bestätigten Märtyrerin eine gewisse Lorraine
Suggs vorschlagen, eine Mutter mit zu viel Arbeit, zu
wenig Geduld und so gut wie keiner Anerkennung.

Folgte eine von uns ihren Spuren nur eine kurze Woche, so hätte sie etwa folgendes zu berichten:
Am Montag mußte sie (allein) zum Elternsprechtag und erfuhr dort, daß ihr Sohn Papierhandtücher aus dem Klo klaute (genauer, aus dem Mädchenklo), unanständige Wörter auf den verdreckten Wagen von Mister Gripper geschrieben hatte und sich vor dem Schulmittagessen zu drücken pflegte. Als sie vorbrachte, ihr Mann sei viel auf Reisen, entgegnete die Lehrerin:
Seien Sie froh, daß er überhaupt arbeitet.

Am Dienstag wurde der Hund von einem Motorrad angefahren, die Überweisung der Wohnungsmiete war bei der Post verlorengegangen, und ihre Tochter hatte nach der Anweisung auf Seite 19 des Überlebens-Handbuchs eine Konservendose mit der Hand zu öffnen versucht und bedurfte einer Tetanusspritze. Als sie dem Arzt sagte, ihr Mann sei viel auf Reisen, erwiderte er:
Ihr Glück, dann haben Sie den Wagen zur Verfügung.

Am Mittwoch platzte die Bildröhre im Fernseher, der Wagen entwickelte ein asthmatisches Keuchen, und sie mußte ihren Freundinnen absagen, mit denen sie abends hatte ausgehen wollen. Ihre Schwiegermutter meinte:
Sei froh und dankbar, daß du die Kinder hast.

Als sie am Donnerstag mit ihrem VW-Käfer jemanden überholte, fuhr ihr ein anderer Wagen mit voller Wucht hinten hinein. Während sie dasaß und leise weinend vor sich hin sprach: »Der Käfer . . . Käfer . . . fliegt nicht mehr . . .«, streckte ein Polizist den Kopf durchs Wagenfenster und sagte:
Sie haben Glück, meine Dame. Niemand verletzt!

Am Freitag war sie im Supermarkt vom täglichen Einerlei schon so angeödet, daß sie sich mit ein paar ausgestellten Besen unterhielt. Der Einkauf verlief wie gewohnt. Sie band ein Kind am Einkaufswagen fest und holte ein anderes aus dem Stapel Trockengemüse, wo es in einem Sack weißer Bohnen ein Loch »gefunden« hatte. Das dritte Kind entdeckte sie am Obststand, wo es eine unbekannte Menge Äpfel gegessen hatte. Sie erbot sich, den Schlingel zu wiegen und alles zu bezahlen, was über 53 Pfund hinausging. Die Kassiererin tippte die vielen Fertig- und Schnellgerichte zusammen und sagte:
Sie haben Glück, daß Ihr Mann so viel weg ist. Da brauchen Sie nicht groß zu kochen.

Am Sonnabend chauffierte sie zu den Pfadfindern, zweimal zum Friseur zwecks Haareschneiden, zu einem Termin beim Zahnarzt, einmal zum Unterricht in Trommelschlegelschwingen, einmal zur chemischen Reinigung, zur Post und zu einer Geburtstags-

party. Als sie dann bei sinkender Dämmerung den
Rasenmäher anwarf, rief die Nachbarin ihr über den
Zaun zu:
*Sie haben Glück. Sie kommen wenigstens manch-
mal aus Ihren vier Wänden heraus.*

Am Sonntag schleppte sie ihre gesamte Brut in die
Kirche. Das Baby zerkaute zwei Verse aus dem Ge-
sangbuch, das eine Kind rannte einem wegrollenden
Groschen bis vor den Hochaltar nach, das dritte
klaute den Schwamm aus dem Weihwasserbecken.
Der Geistliche aber stand nach dem Gottesdienst an
der Kirchentür, lächelte verkrampft und sagte:
*Sie sollten dankbar dafür sein, wie Gott Sie in seine
Obhut nimmt.*

Bildnis eines Märtyrers

Wenn erst die Märtyrer unserer Gegenwart heiliggesprochen werden, wird man auch des Mannes geden-
ken, der sein behagliches Heim verlassen und in der
Welt herumreisen muß. Dieser Mensch, ein wahrer
Heiliger, sitzt auf Flughäfen herum, wartet darauf,
einen flüchtigen Blick auf irgendeine Prominenz zu
erhaschen, und verpaßt dann seine Maschine, weil
der Metalldetektor in der Sicherheitsschleuse auf das
Staniol seiner Kaugummipackung reagierte und
Alarm schlug.

Dieser Dulder muß Stunde um Stunde in fremden Hotelzimmern nach einem Schalter tasten, damit es endlich Licht um ihn werde, und muß die ungewohnte Dusche so stellen, daß sie *in* die Wanne strahlt.

Wie die meisten Helden wird auch er zu Lebzeiten selten anerkannt, und dabei ist er unvorstellbaren Strapazen und Ärgernissen ausgesetzt.

Ich möchte daher hier und jetzt für den Posten eines amtlich bestätigten Märtyrers einen gewissen Tom Suggs vorschlagen, Vater und Ehemann, der den Unterhalt für die Familie dadurch verdient, daß er zu Tagungen reist.

Folgte einer von uns auch nur eine Woche seinen Fußstapfen, so hätte er etwa folgendes zu berichten.

Montag: Beim Betreten seines Hotelzimmers stellt er fest, daß kein Waschlappen vorhanden, der Eisschrank im Bad von grünem Schimmel überzogen ist, der Balkon auf eine Brandmauer hinausgeht und man im Fernseher nur den Fortbildungskurs für Mathematik hereinbekommt. Der Thermostat der Heizung ist übrigens auch kaputt. Lichtschalter gibt es nicht. Als er das Etagenmädchen herbeiklingelt, meint es:

Seien Sie froh, hier ist es immerhin ruhiger als neben den Tagungsräumen.

Dienstag: Das Hotel gleicht einer schwimmenden

Arche und besitzt alles paarweise – einschließlich der Aufzüge. Es gibt 525 Zimmer und 15000 Tagungsteilnehmer. Alle Sitzungen sind im großen Rauchsalon im fünften Stock, und der Aufzug Nr. 1 bringt einen zwar dorthin, aber nur zwischen 3 und 4 Uhr nachmittags. Das weiß allerdings niemand. Als er sich bei einem anderen Tagungsteilnehmer beschwert, sagt dieser:

Sie haben Glück. Ich habe leider zur gestrigen Sitzung hingefunden!

Mittwoch: Nachdem er zwei Tage lang nur fremde Gesichter gesehen hat, die ihn mit »'n Tag, wie geht's, auf Wiedersehen« begrüßten, versucht er daheim anzurufen. Es dauert eine Stunde, bis das Gespräch handvermittelt wird, dann muß er 15 Minuten warten, bis das Kindergartenkind »Mami geholt« hat, und fünf weitere Minuten, in denen sie versucht, dem Baby ein »Tag, Papi« abzuschmeicheln. Anschließend hört er sich 20 Minuten eine Jeremiade an, daß das Haus infolge seiner Nachlässigkeit am Zusammenbrechen ist. Die Telefonistin sagt nach Gesprächsende:

Sie haben Glück, daß Ihre Frau es mit Ihnen aushält.

Donnerstag: Sein Gepäck ist noch immer nicht eingetroffen, wohl aber eine Mitteilung, wahrscheinlich sei es vom Heimatflughafen noch gar nicht abgegangen. Während er noch in seinem Zimmer hockt und sich müht, einen Hamburger auf dem Fernseher aufzuwärmen, der mathematische Gleichungen von sich gibt, klingelt das Telefon und ein leicht angeheiterter Kumpel aus den Tagungsräumen brüllt fröhlich in den Apparat:

Na, Alter, besser als daheim Rasen mähen, was!

Freitag: Er hört sich fünf programmatische Reden nacheinander an. Zum Schluß kommt er sich vor, als sei er gerade aus der Narkose erwacht. Er findet den Lichtschalter noch immer nicht. Das Etagenmädchen sagt:

Sie haben Glück. Bei dem Herrn auf Nr. 16 ist unerwartet eine Ehefrau eingetroffen und hat um 2 Uhr morgens den Lichtschalter gefunden und den Mann beinahe umgebracht.

Sonnabend: Er muß zwei Taxiladungen Kunden zum Essen ausführen, und dabei wird zur Spielregel erhoben, nichts zu äußern, was zu wiederholen sich lohnt. Als er seine Frau nochmals anruft, sagt sie:

Sei froh, daß du erwachsene Gesprächspartner hast.

Sonntag: Er ruft beim Empfang an, um zu sagen, daß er abreist, da wird ihm mitgeteilt, sein Gepäck sei angekommen und schon unterwegs – vom Flugplatz zum Hotel. Er streckt beide Arme gen Himmel und findet dabei unabsichtlich den Lichtschalter, der sich im Nabel des die Lampe tragenden Engels verbirgt. Während er draußen im Regen steht und auf sein Taxi wartet, spritzt ihm ein Wagen den Anzug von oben bis unten naß. Da sagt der Portier:

Ihr Glück! Fast wären Sie angefahren worden! Sie scheinen beim lieben Gott gut angeschrieben.

6.
Mach's Beste draus

Der Slogan »Mach 's Beste draus« wurde in der Woche geboren, als man die Öllieferungen einschränkte, das Wasser knapp wurde, die Telefongebühren stiegen, Benzin nur tassenweise zu bekommen war und die Preise für Fleisch, Kaffee und Zucker in die Höhe schossen. Es war, als wäre die Garantiezeit für unser Land plötzlich abgelaufen.

»Mach 's Beste draus« – mehr konnte man dazu nicht sagen. Das Wort Ökologie geriet in den täglichen Gebrauch. Mein Mann trat bei allen passenden und unpassenden Gelegenheiten begeistert für Recycling ein. Bis vor wenigen Jahren hatte er geglaubt, Recycling sei ein Zusatz-Waschprogramm, bei dem die Knöpfe von seinen Hemden gerissen und seine Unterhosen zerfetzt würden. Jetzt sitzt er da und bastelt Handtuchhalter aus ausrangierten Kleiderbügeln.

Eines Tages steckte meine Tochter den Kopf in die Küche und teilte mir mit, mein Ozon sei in Gefahr. »Mein was?« fragte ich. »Ein bißchen deutlicher mußt du schon werden. Ist das Frostschutzmittel aus dem Kühler gelaufen? Sind meine Nebenhöhlen am Umkippen? Oder hat jemand sein Feuerzeug neben den Altpapierstapeln im Keller ausprobiert?«

»Ich rede von Spraydosen«, stöhnte sie. »Ich werde keine mehr verwenden, und du solltest es auch nicht tun. Bist du dir im klaren, daß der Kongreß ein Gesetz erlassen will, das mit Fluorkarbon getriebene Spraydosen verbietet?«

»Also bis vor den Kongreß wäre ich mit so was nicht gleich gelaufen.«

»Mutter! Hast du nicht mit eigenen Augen gesehen, wie die Fluorkarbone in unter Treibgasdruck stehenden Dosen die sonnenfilternde Atmosphärenschicht beeinträchtigen?«

»Doch, doch« nickte ich. »Ganz zu schweigen von dem, was passiert, wenn man sich Kachelreiniger auf die Zähne sprüht. Ich meine, wer will schon Zähne, die schäumen und desodorieren?«

»Es ist nicht zu fassen, Mutter«, sagte sie lächelnd. »Das ist doch weiß Gott seit Jahren die erste vernünftige Unterhaltung, die wir miteinander führen.«

Ich kam am Badezimmer vorbei und spritzte mir kurz etwas Deodorant in jede Achselhöhle. Vielleicht sind das die einzigen zwei Ozone, die ich noch kriegen werde, und ich habe nicht vor, sie mir wegnehmen zu lassen.

Mach 's Beste draus.

Je mehr Technologie die Telefongesellschaft entwikkelt, desto schwieriger wurde das Telefonieren. Ich hatte noch nicht begriffen, wie kompliziert es schon war, da startete die Telefongesellschaft einen Werbefeldzug, um mein Geld zu sparen.

Sooft ich den Hörer abhob, sah ich das Gesicht des Fräuleins vom Amt, der ein halbes Telefon aus dem Ohr hing, während sie mich ermahnte: »Wählen Sie direkt. Sparen Sie 60% bei Nacht- und Wochenendgesprächen. Verbilligte Gebühr bei kürzeren Entfernungen und Mondschein! Ein Gespräch mit Nashville kostet Sie nur noch die Hälfte.«

Eines Sonntags stellte ich mir den Wecker auf 3 Uhr früh, wählte Nashville direkt und sprach dort mit jemandem, den ich eigentlich nie sonderlich gemocht hatte. Ich redete vier Minuten lang, denn dadurch sparte ich 1 Dollar 25. Das war ein so gutes Geschäft, daß ich es mir nicht entgehen lassen durfte. Binnen vier Wochen hatte ich auf diese Weise genügend gespart, um meine Schwester in Ohio zu einer christlichen Tageszeit anzurufen, und zwar über die Fernvermittlung.

Ich nahm dies alles auf mich, weil ich wußte, daß die Kommunikationsmittel sich ständig weiterentwikkelten. Trotzdem traf es mich ganz und gar unvorbereitet, als mich eines Tages eine Angestellte der Telefongesellschaft anrief und fragte, ob ich ein Ferngespräch mit Nord-Carolina geführt hatte und, wenn ja, ob ich ihr bitte die von mir gewählte Num-

mer geben könne, denn der Computer hätte sie nicht
aufgezeichnet.

»Woher haben Sie denn meine Nummer?« fragte ich,
»ich steh' doch nicht im Telefonbuch?«

»Von der Fernsprechauskunft«, sagte sie.

»Sie sollten sich schämen«, sagte ich. »Das ist eine
ganz unnötige zusätzliche Ausgabe. Wenn Sie mich
nämlich am Wochenende angerufen hätten, statt zu
voller Gebühr mitten am Tag in der Hauptgeschäfts-
zeit, hätten Sie in der ersten Minute 32 Cent gespart.«

»Ja, aber . . .

»Und außerdem: wenn Sie mich noch in diesem Mo-
nat dreimal anrufen, damit ich Ihnen helfe, berechnet
man Ihnen 20 Cents pro Gespräch. So was läppert
sich. Ich nehme an, daß Sie von einem Dienstapparat
aus anrufen, auf dem volle Gebühren berechnet werden, was bedeutet, daß jede zusätzliche Minute Sie 40
weitere Cent kostet.

Im Ernst: Ich will Ihnen einen großen Gefallen tun
und einhängen. Ich glaube, Sie können sich ein Gespräch mit mir gar nicht leisten.«

Mach 's Beste draus.

Die Fleisch-Revolte brach ohne jede Vorwarnung
aus. Eben noch hatten wir mehr und mehr gegessen
und immer weniger gezahlt, und mit einem Schlag
waren 278 Produkte im Handel, mit denen sich unsere Hamburger strecken ließen.

Die Hausfrauen nahmen die Nachricht nicht gelassen hin. Sie stellten sich vor die Läden und aßen aus Protest Hundefutter. Transparente tauchten auf: BE-KÄMPFT DIE HOHEN FLEISCHPREISE, LUTSCHT AM DAUMEN. Auch raffinierte Kochbücher erschienen, mit deren Hilfe die Krise sich meistern ließ (›Billig Kochen‹ zum Beispiel kostete 12.95 Dollar).

Von einem Tag auf den anderen wurden die Metzger das, was früher die Ärzte gewesen waren: beliebter Mittelpunkt jeder Cocktailparty. Obwohl ich mich dafür verachtete, spielte ich das Spielchen ebenso mit wie alle anderen Hausfrauen und Familienmütter.

»Wie steht es heute mit Rumpsteak, Fred?« fragte ich meinen Fleischer eines Tages, als meine Nummer aufgerufen worden war.

Er sah sich sichernd um. »Sie waren zwei Jahre lang eine gute Kundin, Erma. Sie haben während der Grippe-Epidemie unser Baby gesundgepflegt und mir das Geld geliehen, um mein Geschäft zu eröffnen. So etwas vergißt kein Mann.«

Ich lächelte sanft, aber bedeutungsvoll.

»Ich könnte es so einrichten, daß ich die Restsumme plus 6% Zinsen 36 Monate lang in Lendenbraten abstottere.«

»Wir sehen Sie dann am Sonntag bei uns?« fragte ich ihn heiter.

»Aber gewiß doch.« Damit winkte er mich weiter.

Ich kannte überhaupt keine Scham. »Ach, noch eins, Fred. So ungern ich so was bei einem gesellschaftlichen Anlaß zur Sprache bringe: Könnten Sie mir etwas gegen zähe Haxen verschreiben? Das Fleischthermometer zeigt normal, und ich habe schon zwei Eßlöffel Zartmacher draufgegeben.«

Er blickte müde auf. »Nehmen Sie zwei Aspirin, und rufen Sie mich morgen früh noch mal an«, sagte er. »Wenn Sie mich jetzt bitte entschuldigen, ich muß noch mal zu Mrs. Beeman, sie hat eine angebrochene Filetrippe.«

Ich stand da wie berauscht. Irgendwie tat es mir zutiefst wohl, jemand die Hand zu drücken, der ein echtes Kotelettstück berührt hatte.

Tag für Tag am Fleischwarentisch anzustehen, war deprimierend. Ich begann Stücke in Erwägung zu ziehen, von denen ich früher geglaubt hätte, man lege sie in Harvard in Spiritus.

»Was ist denn das da?« fragte ich Fred eines Tages.

»Das in der Ecke der Fleischmulde?«

»Zunge.«

»Von wem?«

»Anonymer Spender«, sagte er knapp. »Das hier sind Kutteln.« Er hielt mir ein Tablett hin.

»Man sieht es«, sagte ich mit schwacher Stimme.

»Haben Sie es mal mit Schweinsfüßen versucht?«

»Nein, da weiß man ja nie, wo die herumgelaufen sind.«

»Pute?«

»Das will ich überhört haben!«

Ich winkte Fred näher heran. »Hören Sie, Fred, als Sie

93

vorige Woche Ihre Rate Rumpsteak abzahlten, da hatten Sie so einen Trick, das Fett abzuschneiden und es . . .«

»Hausbesuche mache ich nicht«, sagte er reserviert.

»Kommen Sie doch einfach morgen auf einen Sprung bei uns vorbei«, sagte ich, »wir haben ein paar Freunde eingeladen . . .«

»Mittwochs spiele ich Golf«, sagte er.

Mach 's Beste draus.

Auch den Kaffee gedachte ich zu boykottieren, als er auf 4 Dollar das Pfund stieg. Ich wollte es allen Ernstes, bin aber im Grunde eine schwache Natur und ertrage Entbehrungen sehr schwer.

Ich wußte, daß ich für drei Pfund Kaffee jetzt mehr zahlte als zu Beginn meiner jungen Ehe für einen Wintermantel, aber ich konnte mich nicht beherrschen.

Sie können sich nicht vorstellen, welchem Druck ich seitens der Nachbarinnen ausgesetzt war. Als ich eines Morgens zum Kaffeeklatsch bei Lois eingeladen war, rannte ich vor lauter Kaffeedurst die ganze Strecke im Eiltempo.

Noch in der Tür fragte mich Lois: »Willst du eine Tasse?«

Sie drückte mir eine leere Tasse in die Hand.

»Und wo ist der Kaffee?« fragte ich.

»Kaffee habe ich dir nie versprochen.«

»Lois, das ist kein Witz. Weißt du, was ich für eine

Tasse Kaffee gäbe? Ich würde meine Kinder dafür
verkaufen.«

»Das täten wir alle gern.«

»Ich würde meinen Körper verkaufen.«

»Angeberin.«

»Lois, ich würde meinen Pokal vom Preiskegeln verkaufen.«

»Nun reiß dich aber mal am Riemen. Wir müssen fest
zusammenhalten, oder die Kaffeepreise steigen ins
Astronomische.«

»Hört mal«, sagte ich und gewann wieder Haltung.
»Ich hätte mir nicht träumen lassen, daß ich das einmal jemand gestehen würde, aber ich bin ein Stück
älter als ihr alle und habe noch die große Koffein-
Dürre des Kriegsjahres 1942 miterlebt.«

»Von der habe ich noch nie gehört«, sagte Lois.

»Hoffentlich bleibt dir das erspart«, sagte ich. »Ich
habe mit ansehen müssen, wie meine Mutter morgens ohne eine Tasse Kaffee war – das Bild einer To-
deskandidatin. Sie hat ihre Hand getoastet, mit Butter bestrichen und meiner Schwester auf den Teller
gelegt. Sie ist mit dem Kopf gegen einen Fußschemel
gestoßen. Von irgendwoher meinte sie Zugluft zu
spüren, und dabei waren es ihre Wimpern, wenn sie
blinzelte. Als sie glaubte, es sähe keiner, steckte sie
den Kopf in die leere Kaffeedose und inhalierte. Mein
Vater überraschte sie, als sie sich die Zunge rasieren
wollte. Es war einfach grauenhaft.«

»Es muß entsetzlich gewesen sein für ein Kind, so

was mit anzusehen«, tröstete Carol, »aber nur Mut, es wird bald vorbei sein.«

»Ich weiß« wimmerte ich, »aber wie es schon im Schlager heißt ›Ein Tag ohne ihn ist ein Tag ohne Glück‹.«

Man kann nur eine begrenzte Zeit lang Mut zeigen wie der Mameluck. Auf dem Heimweg von der Schule bog ich mit dem Wagen in ein Drive-In und brüllte: »Eine Tasse Kaffee bitte ... Nehmen Sie auch Schecks?«

Mach 's Beste draus.

7.
Vorsicht! Familie kann gesundheitsschädlich sein!

Es gibt eine Menge Theorien, warum die amerikanische Familie als Institution an Boden verliert.

Einige Leute sagen, es liegt am Wirtschaftssystem, andere, es sei ein Problem der Ökologie, wieder andere, es fülle eben niemanden mehr so recht aus, und manche geben zu bedenken, es gehe dabei um eine Frage der Prioritäten, anders ausgedrückt: Wer will schon ein Kind in die Welt setzen, das später grüne oder bunte Chaoten wählt?

Ich persönlich halte viel von der amerikanischen Familie. Meiner Ansicht nach hat sie noch viele potentielle Möglichkeiten. Davon abgesehen ist die Welt nicht für Zweiergruppen eingerichtet. Auch gefüllte Kekse werden in Zwölferpackungen verkauft, Küchenstühle gibt es immer nur je vier Stück, und Kaugummi kommt in Fünferpackungen auf den Markt.

Wie ich die Sache sehe, hat der Verfall der amerikanischen Familie mit der ›Kommunikation‹ zwischen

Eltern und Kindern angefangen. Damit, daß wir ›besondere Bindungen‹ miteinander eingingen, daß ›ventiliert‹ und ›diskutiert‹ wurde, was die Mami nicht wußte und nicht einmal wissen wollte.

Und die Kluft, die sich infolge der neuen Rechenmethode zwischen Eltern und Kindern aufgetan hat, ist auch noch nicht annähernd aufgefüllt. Ehe die Mengenlehre eingeführt wurde, hatte ich so etwas wie eine mystische Aura. Ich sagte zwar nie ein Wort, aber meine Kinder waren überzeugt, ich hätte das Feuer erfunden.

Erst als wir ›Zugang‹ zueinander gefunden hatten, fragte mich meine Tochter eines Tages: »Mami, was verstehst du unter homogen?«

»Das ist ein kranker Mensch, der sich in der Nähe von Schulhöfen herumtreibt. Wo hast du das Wort her? Hat es mal wieder an einer Klotür gestanden?«

»Nein, in meinem neuen Mathe-Buch«, sagte sie. »Ich hatte gehofft, daß du mir helfen könntest. Ich soll die Mantisse in der Tabellenmenge suchen, um den zugeordneten dekadischen Antilogarithmus zu bestimmen, und dann die Charakteristiken als Exponenten der Basis zehn niederschreiben.«

Ich dachte eine volle Minute lang nach. »Seit wann fehlt die Mantisse, die du suchen sollst?« fragte ich.

Da ging sie auf ihr Zimmer, schloß die Tür hinter sich, und ich sah sie erst nach dem Abschlußexamen wieder.

99

Beim metrischen System war es nicht besser. Wenn ein Kind erst mal weiß, daß ein Quadratmillimeter gleich 00155 Quadratzoll ist, hat es keinen Respekt mehr vor seiner Mutter, der nach dem Auslegen des neuen Fußbodens im Badezimmer genügend übrigblieb, um ganz New Jersey abzudecken. Und welche Mutter ist heutzutage nicht völlig eingeschüchtert, wenn sie sich mit den Lehrkräften ihres Kindes unterhalten soll?

Für mich ist es jedesmal ein Schreck in der Morgenstunde, wenn eins meiner Kinder plötzlich von seinen Cornflakes aufblickt und beiläufig äußert: »Ich brauch' 'n Entschuldigungszettel für die Lehrerin, daß ich krank war, sonst läßt sie mich nicht wieder in die Schule.«

»Der muß sicher auf Briefpapier geschrieben sein?« frage ich und sinke über meinen Wurstbroten in mich zusammen.

»Den letzten, den du auf Butterbrotpapier geschrieben hast, hat sie nicht lesen können. Aber wenn du heute kein Briefpapier findest, kann ich noch einen Tag zu Hause bleiben.«

Ich reiße ein Stück Tapete von der Wand und befehle: »Hol mir mal einen Bleistift.«

Das mit dem Bleistift ist nicht so einfach. Nach 15 Minuten emsiger Sucherei finden wir schließlich einen Stummel im Flusensieb der Wäscheschleuder.

»Du machst aber auch wirklich ein Theater wegen so einem Entschuldigungszettel«, meine ich seufzend.

100

»Das verstehst du nicht«, sagt er. »Wenn wir keinen bringen, dürfen wir nicht mehr in die Schule rein.«

Ich beginne zu schreiben. »Ist deine Lehrerin Dr. Fräulein oder Frau?«

»Keine Ahnung«, meint er versonnen. »Sie hat 'n Auto und schleppt ihre Bücher selber.«

»Liebes Fräulein *Dr.* Weems«, schreibe ich.

»Und neulich hat sie die halbe Nacht vorm Fernseher gesessen, um die Wahl der Miss America zu sehen.«

»Liebes *Fräulein* Weems«, schreibe ich.

»Na, es ist ziemlich Wurscht. Wenn sie ihr Kind gekriegt hat, kommt sowieso eine neue Lehrerin.«

»Liebe *Frau* Weems«, schreibe ich. »Bitte entschuldigen Sie, daß Paul gestern nicht zum Unterricht kommen konnte. Beim Aufwachen klagte er über Leibschmerzen und ...«

»Streich die Leibschmerzen«, weist er mich an, »schreib bloß, daß ich zu krank war, um fernzusehen.«

»Liebe Frau Weems, Paulchen hatte Durchmarsch und ...«

»Was heißt eigentlich Durchmarsch?«

»Leibschmerzen.«

»Schreib das bloß nicht wieder. Beim letzten Mal hat sie mich auf einen Platz ganz nah bei der Tür gesetzt und mich den ganzen Tag nicht aus den Augen gelassen.«

»Das hast du dir sicher nur eingebildet«, sage

ich. »Willst du nun einen Entschuldigungszettel oder
nicht?«
»Ich hab' dir ja gesagt, ohne darf ich nicht zum Unterricht.«
Er sieht mir über die Schulter.
»Was bedeutet denn D-I-A-R-R-H-O-E?«
»Daß man dich wieder ganz in die Nähe der Tür
setzt«, sage ich und lecke den Umschlag zu.
Diesen Entschuldigungszettel zu verfassen, dauerte
25 Minuten, also 8 Minuten länger als die Unter-
zeichnung der Unabhängigkeitserklärung.
Ich hätte nicht noch einmal davon angefangen, aber
als ich gestern eine Jackentasche ausleerte, kam er
wieder zum Vorschein, dieser Entschuldigungszettel
– nicht benötigt und nicht gelesen.

Die moderne Erziehung ist für mich überhaupt ein
Widerspruch in sich. Wie die Sache mit dem Dreijäh-
rigen, der auf dem Taschenrechner zwar 10,6% Zinsen von 11,653 Dollar ausrechnen kann, aber nicht
weiß, was größer ist, ein Fünfer oder ein Zehner. Mir
kommt das vor wie eine Tochter, die ins College abreist, sämtliche kleineren Haushaltsgeräte, Bettwäsche, Decken, Möbel, Koffer, Fernseher und Wagen
mitnimmt und dazu sagt: »Ich muß raus aus eurem
seichten Materialismus.«
Meine Kinder reden immer große Töne über Rein-
haltung der Umwelt und Ökologie. Und doch dulden
sie den Grund Nr. 1 für die Luftverschmutzung in

102

diesem Lande: die Turnanzüge. Ein paar Shorts, ein Hemd und ein Paar Turnschuhe, die sich vor lauter Dreck von selber aufrecht hielten, kamen neulich selbsttätig in die Waschküche gewandert und lehnten sich dort hilfesuchend an die Wand. Ich sah mit eigenen Augen, wie ein Blumenstock in der von ihnen ausgehenden Atmosphäre verwelkte und einging.

Ich versuchte, die Tränen zurückzuhalten, die mir in die Augen schossen, und schrie zu meinem Sohn hinüber: »Wann ist dein Turnzeug zuletzt gewaschen worden?«

»Anfang des Schuljahres«, brüllte er zurück.

»Und welches Schuljahr?«

»1972–73.«

»Dacht' ich mir's doch! Ich versteh' nur nicht, wie euer Turnlehrer das aushält.«

»Er hat gesagt, wir wären gar nicht so schlimm. Bis gestern.«

»Und was war gestern?«

»Da fing es an zu regnen, und wir mußten in die Halle.«

»Gibt es denn keine Waschvorschriften für euer Turnzeug?«

»Doch, doch. Wir sollen es alle vier Monate waschen lassen, egal ob es nötig ist oder nicht.«

Behutsam entfaltete ich die lehmstarrenden Hosen, das brüchige T-shirt und die Socken, die sich bereits im letzten Stadium der *rigor mortis* befanden.

Während ich versuchte, ein Pommes-frites-Stäbchen aus den Senkeln des einen Turnschuhs zu lösen, dachte ich daran, daß dieser Junge in einer keimfreien Umwelt groß geworden war. Als er noch ein Baby war, pflegte ich seine Spielsachen auszukochen und seine Nabelbinden zu sterilisieren. Ich band dem Hund eine Gesichtsmaske um, wenn er im gleichen Zimmer war. Ich wusch mir die Hände *vor* jedem Windelwechsel.

Wo hatte ich versagt?

Unter seinem Bett lagen schmutzige Kleider, in denen sich eine Fauna entwickelte. In seinen Schubladen türmten sich Hosen aus unvordenklichen Zeiten, so alt, daß sie noch Plastikeinlagen hatten. In seinem Schrank befanden sich Overalls und Jeans, die keine Kleiderbügel mehr brauchten, weil sie von selber standen.

Ich öffnete die Tür der Waschmaschine und tastete nach den Turnsachen, die ich eben gewaschen hatte. Ich fand nur noch einen Schnürsenkel, zwei Namensschildchen und ein sauberes Pommes-frites-Stäbchen.

»Was ist mit meinen Turnsachen passiert?« fragte mein Sohn.

»Als Schweiß und Dreck raus waren, ist nur das hier übriggeblieben.

Der himmelschreiende Widerspruch zwischen dem, was unsere Sprößlinge zu Hause und was sie in der

Schule sind, wird beim jährlichen Sportfest offenbar.

Beobachten Sie einmal bei der nächsten Preisverteilung für athletische Leistungen die verdutzten Gesichter der Mütter, wenn bekanntgegeben wird, was ihre Söhne und Töchter können. Es ist, als sprächen die Lehrer von jemand, der nur zufällig den gleichen Namen hat wie Ihr Kind. Wer sich ganz stark konzentriert, kann manchmal die Gedanken der Eltern lesen, während ihr Nachwuchs vom Schultrainer gelobt wird.

»Mark ist wohl einer der besten Sprinter, den ich während meiner Lehrtätigkeit an der hiesigen Oberschule hatte. Mark ist die 100 m – haltet euch fest, Leute! – in 9,9 gelaufen!«

(Wahrscheinlich meint er neun Tage und neun Stunden. Ich habe Mark ein einziges Mal gebeten, mit dem Müll hinauszulaufen, und der stand dann unterm Ausguß, bis er sich in eine Buchstütze verwandelt hatte).

»Ich weiß wirklich nicht, was die Baseballmannschaft ohne Charlie täte. Wir haben ja schon oft wortreiche Antreiber hier gehabt, die den Jungens Beine machen, aber Charlie, der kennt wahrhaftig keine Müdigkeit. Es gibt wohl keine Situation, in der ihm nichts einfällt, um die Mannschaft auf Draht zu bringen.«

(Zu mir spricht Charlie pro Woche vier Worte: »Wann fährst du einkaufen?«)

»Diejenigen unter Ihnen, liebe Eltern, die im Sport nicht Bescheid wissen, möchte ich einmal ganz kurz über das Wesen des Kugelstoßens informieren. Eine solche Kugel wiegt 6 Pfund und ist von einem überragenden Athleten unserer Anstalt 33 m weit gestoßen worden, von Wesley Whip.«

(Das ist aber sonderbar. Wesley sieht genauso aus wie der Junge, der die Zeitungen austrägt und die Wochenendausgabe nicht von seinem Fahrrad bis auf meine Veranda wuchten kann!)

»Unser Gus wird für alle Zeiten in die Annalen des Football eingehen. Er ist einer der größten Asse unserer Schule. Im Spiel gegen ›Central‹ schoß Gus das entscheidende Tor mit angebrochenem Knöchel, ausgerenkter Schulter und einer Temperatur von 39,3.«

(Wie erklärt es sich bloß, daß der gleiche Gus jedesmal die Schule versäumt, wenn ihm Zahnstein entfernt worden ist?)

»Ich glaube kaum, daß einer im gesamten Bundesstaat bessere Reflexe zeigt, als unser Tim beim Basketball! Als der liebe Gott die Koordination verteilte, muß unser Tim bestimmt gleich zweimal HIER gerufen haben.«

(Tim ist siebzehn, und ich kann ihm noch immer nicht mehr eingießen als ein halbes Glas Milch, weil er es mit Sicherheit umschmeißt und nicht aufwischt.)

»Tennis ist ein Spiel für Gentlemen. Dies Jahr geht

der Preis für Fairneß auf dem Platz an keinen anderen
als den Goodwill-Botschafter dieses Sports, an Stevie
Cool.«
(Da muß er sich aber höllisch verändert haben. Vorige
Woche hat er seinem Bruder noch ein blaues Auge
geschlagen, weil der sich ohne zu fragen sein Platten-
album ausgeliehen hatte!)
»Das Schwimmteam hätte es niemals geschafft ohne
unseren schneidigen kleinen Manager Paul Frans-
warth. Paul sorgt für alles, hebt die nassen Handtücher auf, hängt die Badehosen zum Trocknen und ist
dafür verantwortlich, daß sämtliche Sportgeräte
weggeräumt werden . . .«
(Eduard, laß uns heimgehen, mir wird schlecht!)

Mir scheint, je mehr ich mich mit meinen Kindern
unterhalte, desto weniger verstehe ich sie. Nehmen
Sie nur einmal das Thema: Koedukation und Schlafsäle.
Von allen Veränderungen, denen sich Eltern anpassen mußten, sind gemischte Schlafsäle vermutlich
eine der unbegreiflichsten. Ein paar Studenten- und
Schülerheime haben schon Eltern-Schüler-Seminare
abgehalten, in denen die Schüler geduldig erläutern:
»Wir brauchen eine freiere Atmosphäre, in der Jungen und Mädchen sich als Freunde kennenlernen und
nicht als Sexualobjekte«, worauf der Vater einer Stu-
dentin des ersten Semesters einzuwenden wußte:
»Kann man das nicht auch in der Mensa?«

107

Ich war von Anfang an gegen Gemeinschaftsschlaf-
säle. Nicht etwa weil ich sie für sexuelle Selbstbe-
dienungsläden hielt, sondern weil ich das Gefühl
hatte, kein Mädchen würde meinen Sohn heiraten,
sobald es sein Schlafzimmer im Urzustand gesehen
hätte. Mittlerweile sind meine schlimmsten Be-
fürchtungen eingetroffen.

In Stanford benutzten Studenten und Studentinnen
die gleichen Waschräume, obwohl die Schule das
nicht ausdrücklich empfohlen hat. Mein Wort darauf: Wenn man jeden Morgen mit ansieht, wie ein
Mannsbild Zahnpasta und ausgekämmte Haare ins
Waschbecken schmiert und außerdem gurgelt, daß
man meint, es hätte jemand den Stöpsel des Eriesees
rausgezogen, dann fliegt die Liebe zum Fenster hinaus.

Ich weiß, ich weiß, junge Leute haben es jetzt mit Of-
fenheit und Ungezwungenheit, aber die voreheliche
Schlamperei könnte das Ende der Menschheit bedeuten.

Ihr Männer, merket auf: Könntet ihr eine dauerhafte
Bindung mit einem Mädchen eingehen, das einen
Angorapulli zum Trocknen in euer letztes Badetuch
rollt? Könnt ihr euch rasieren in einem Raum voller
Dampf, ohne euch im Spiegel zu sehen, und wenn,
dann eingerahmt in eine tropfende Strumpfhose?
Wollt ihr wirklich so genau wissen, wie oft sie sich
die Beine rasieren muß? Seid ihr einem Mädchen
wirklich wichtig, das um euretwillen nicht einmal

108

die Lockenwickler aus den Haaren nimmt? (Ehren-
wort: ich habe einen weiblichen Teenager mit Lok-
kenwicklern heiraten sehen, und zur Erklärung sagte
sie: »Vielleicht gehen wir hinterher noch irgendwo-
hin!«)
Ihr Frauen, könntet ihr je eine ernsthafte Bindung mit
einem Jungen eingehen, der im September mit 38
Paar Frotteesocken ins Internat kam und im Mai zum
ersten Mal gefragt hat, wo der Waschautomat ist?
Könnt ihr euch einen Ehemann leisten, von dem ihr
wißt, daß er täglich eine ganze Spraydose Deodorant
benötigt? Der schon vor dem Frühstück rülpst und
seine Hose unter der Matratze ›bügelt‹?
Als ich noch im College war, verriet mir einmal die
Leiterin eines Studentinnenheims: »Der sicherste
Trick, das andere Geschlecht anzulocken, ist das Be-
setztzeichen, eine verschlossene Tür und das Wörtchen NEIN. Wenn du einen Freund brauchst, kauf dir
einen Hund!«

Wissen Sie, was die Experten sagen? Wenn wir uns
nicht jede Minute des Tages mit unseren Kindern beschäftigen und sie ›genießen‹ würden, säßen wir später, wenn sie erst einmal aus dem Haus sind, wartend
im Lehnstuhl, den Telefonapparat auf dem Schoß.
Zeigen Sie mir die Mutter, die nicht lebenslang das
Schrecknis des ›leeren Nests‹ unaufhaltsam näher-
rücken sieht.
Zugegeben, es dauert eine geraume Weile, bis es so

weit ist. Erst muß das Küken mal aus dem *Bett* und in die Arbeitswelt hinaus.

Kinder sind bekanntlich die gebildetsten, belesensten, besterzogenen Menschenexemplare dieser Welt. Gerade deshalb ist ihre Einstellung zum Arbeitsprozeß so unverständlich. Nächst dem Galeerensklaven, dessen Kapitän sich in den Kopf gesetzt hat, Wasserski zu laufen, ist das bedauernswerteste Wesen dieses Planeten der Teenager, der seinen ersten ganztägigen Job an Land gezogen hat.

Niemand leidet wie er. Niemand wird so wenig anerkannt. Mein Sohn betrachtet sich als ›Menschenopfer auf dem Altar des Establishments‹. Er mußte fünfzehn werden, ehe wir vor ihm das Wort ›Arbeitsplatz‹ gebrauchen durften. Er bekam davon Hautausschlag. Wir durften es nur chiffriert anwenden, etwa A.-Pl.

Am Vorabend seiner Vermählung mit einer Lohntüte erklärte er uns: »Es ist eine Art Gruppenverfolgung. Ihr alle habt es durchgemacht, also muß ich auch beweisen, daß ich eine Achtstundennummer abreißen kann, ehe ich mündig gesprochen werde, stimmt's? Okay, ihr habt gewonnen. Wenn ich wirklich nur dadurch beweisen kann, daß ich jetzt erwachsen bin, nahm ich meinetwegen diesen blöden Ganztagsjob an, eine S-t-e-l-l-u-n-g.«

Vielleicht kennen einige von Ihnen meinen Sohn oder haben zumindest von ihm gehört.

Er ist der einzige Angestellte, der den ganzen Tag ar-

110

beiten muß, ehe er heimkommen und sich selber füttern darf.

Er ist der einzige pflichtbewußte Teenager in ganz Nordamerika, der arbeiten muß, während seine Kumpel sich an einem Mittwochnachmittag in alten Autoreifen den Fluß hinuntertreiben lassen.

Er ist der erste Mensch, dem jemals die Hälfte seines Gehalts für Dienstleistungen einbehalten wurde, die er nicht verlangt hat (Lohnsteuer, Krankenkassenbeiträge, Rentenversicherung etc.). Wie drückte er sich neulich aus? »Doch nicht mit mir!«

Er ist der einzige Arbeitende, den ein seniler Chef (ein Tattergreis von 35 Jahren) schikaniert, indem er brutal darauf besteht, daß er morgens und nach der Mittagspause pünktlich im Büro erscheint.

Er ist der einzige Arbeiter im Lande, der sich durch seinen Beitrag auf dem Arbeitsmarkt bei Familie und Freunden nicht gebührenden Respekt verschafft hat.

Vorigen Sonnabend klopfte ich ihm mit den Worten auf die Schulter: »He, Mister Murmeltier! Heraus aus den Federn! Der Mittag bricht an!«

Mein Sohn rollte sich auf die andere Seite. »Man faßt es nicht, wie ihr mit einem Werktätigen umgeht«, sagte er. »Ich arbeite die ganze Woche fünf Tage lang acht Stunden – und was kriege ich dafür?«

»Du kriegst dafür deine sämtlichen Mahlzeiten serviert wie ein Pascha, dein Schlafzimmer wird saubergehalten, deine Sachen werden gewaschen und

111

gebügelt, und rund um die Uhr hast du ein Familien-
faktotum – mich.«

Eine innere Stimme sagt mir, daß mein Kind der erste
Arbeitnehmer sein wird, der noch vor Ablauf der Pro-
bezeit in den wohlverdienten Ruhestand tritt.

Und doch: Hat der Sprößling die Stellung erst einmal
gefunden und angetreten, so ist die Hausfrau ›endlich
allein‹, zum ersten Mal in ihrem Leben. Nie wieder
wird das Familiengefüge werden, was es einmal war.
Da hat man nun allen Stürmen getrotzt: wackelnden
Milchzähnen, gestohlenen Fahrrädern, Schichtun-
terricht, Etagenbetten, Ballettstunden, Liebeskum-
mer, Fahrstunden, verlorenen Brieftaschen, Ex-
amensarbeiten am Sonntagabend, Rockgruppen. Und
jetzt kommt die Sache mit dem Lehnstuhl und dem
Telefon, das Stichwort ist ja vorhin schon gefallen.
Das Syndrom ›leeres Nest‹ beginnt.

Als ich das verlassene Zimmer meines Sohnes betrat,
war es plötzlich zum Heiligtum geworden.

Alles blieb unverändert, genau so, wie er es hinter-
lassen hatte. Ich streichelte die Glasschälchen mit
versteinertem Pudding, die er als Reserve unter dem
Bett aufbewahrt hatte, fuhr liebevoll über die Öltrop-
fen auf dem Teppich und umrundete auf Zehenspit-
zen, leise weinend, die Haufen schmutziger Wäsche,
aus denen er herausgewachsen war.

Ich machte Pläne, wie ich dieses Zimmer in eine Ge-
denkstätte verwandeln könnte, wohin ich mich aus
dem Alltagstrubel zurückziehen würde, um meinen
Erinnerungen nachzuhängen.

Da bemerkte ich eines Tages, als ich dort meditierte, mir gegenüber eine leere Wand. Ich schob die Heimorgel aus der Diele in das Schlafzimmer meines Sohnes und stellte sie dorthin. Als ich bemerkte, daß dieses Zimmer besonders gutes Licht hat, kam mir die Idee, seine Trommeln herauszunehmen und in der so gewonnenen Ecke meine Nähmaschine unterzubringen.

Noch während dieser Änderungen äußerte mein Mann, hier stehe ja ein ganzer Schrank leer, ob er vielleicht seine Sachen hineinhängen könne?

Als wir fünf Jahrgänge ›Sportillustrierte‹ fortgeschafft hatten, fanden wir auch Platz für den Christbaumschmuck und den Karton mit den alten Bankauszügen.

Mehr und mehr Familienmitglieder begannen, den ›Tempel‹ aufzusuchen. Er wurde zum Asyl für Campingzubehör und ungerahmte Bilder. Die sommerlichen Gartenmöbel wurden hier gelagert und die gebündelten alten Zeitungen, die irgendwann mal jemand abholen sollte.

Die Tennispokale im Regal machten leeren Plastikflaschen Platz, die das Kirchenkränzchen für eine Sammlung brauchte, die Kommode flog hinaus, und mein Heim-Trainer kam an ihre Stelle. Sogar das Bett entfernten wir, und ersetzten es durch einen Schaukelstuhl und einen Fernseher.

Für ein solches Zimmer waren die Wände natürlich viel zu männlich, daher malten wir sie dottergelb und

113

nähten dem Schaukelstuhl leuchtend rosa und orangefarbene Bezüge.

Kurz vor Weihnachten klopfte es an die Tür. Es war unser Sohn, der uns besuchen kam.

»Tach, lang nicht gesehen«, sagte mein Mann. »Bleibst du länger, mein Alter? Na, phantastisch. Wir haben immer noch das alte Sofa im Hobbyraum, darauf kannst du kampieren, so lange du willst.«

Heute morgen fragt mich mein Mann: »Wie lange will dein Verwandter eigentlich bleiben?«

»Mein Verwandter?« sage ich achselzuckend. »Ich dachte, es sei *deiner.*«

8.
Es müßte ein Gesetz geben für......

Wenn man irgendwann im Lauf des Lebens den Verstand zu verlieren droht, ist der Augenblick gekommen, seine Stimme so laut zu erheben wie der bewußte Prediger in der Wüste. Ich verkünde daher im Namen der Gerechtigkeit für alle – insbesondere aber für mich – folgende Gesetze und Vorschriften, die leider noch nicht existieren.

Grundrechte des Kleinkindes

Artikel eins:
Personen, die Knoblauch gegessen haben, müssen zu einem Kleinkind einen Sicherheitsabstand von ca. 2 Kilometern einhalten. Bei Nichtbefolgung werden sie zugespuckt, bis Tod durch Ertrinken eintritt.
Artikel zwei:
Mit hohen Geldstrafen werden jene hemmungslosen Späßchenmacher belegt, die ein Kleinkind an den

Fußsohlen kitzeln, bis es vor Lachen halb ohnmächtig ist, oder die es unmittelbar nach einer Hauptmahlzeit in die Höhe werfen und wieder auffangen.

Artikel drei:

Bei kleineren Vergehen gegen das Trockenbleibegesetz hat der Beklagte das Recht auf sofortigen Windelwechsel. Öffentliches Anprangern der Details, gar Führungen durch die Windeleimer haben zu unterbleiben.

Artikel vier:

Die Entscheidung, ob püriertes Kalbfleisch mit Reis gegessen wird oder nicht, liegt beim Nahrungsaufnehmer, nicht beim Fütternden. Püriertes Kalbfleisch mit Reis ins Gesicht des Fütternden geprustet, sollte als Meinungsäußerung gewertet werden, nicht als Kriegserklärung.

Artikel fünf:

Kleinkindern ist das Recht zuzugestehen, sich überall laut zu äußern, sei es in der Kirche während des Gottesdienstes, an einem Brennpunkt öffentlichen Lebens oder zu nachtschlafender Zeit. Ein Kleinkind weiß noch nicht, daß es mit einem bestimmten Quantum Freuen und Lachen ein Leben lang auskommen und daher sparsam damit umgehen muß.

Zusatzartikel Numero eins:

Unter keinen Umständen ist ein Kleinkind in einem Haus einzuquartieren, in dem es keinen weichen Schoß, kein Lachen und keine Liebe gibt.

Küssen bei beiderseitigem Einvernehmen

Was diesem Lande vor allem fehlt, ist eine eiserne Regel über das Küssen als Begrüßung.

Entweder sollten alle oder niemand geküßt werden.

Ich selbst habe offen gestanden schon als Siebenjährige den Begrüßungskuß abgeschafft, weil meine Mutter zu dieser Zeit eine Klavierlehrerin anstellte, die Knoblauch kaute. Sie brachte einen dazu, den Minutenwalzer in zehn Sekunden zu schaffen.

Erst als ich anfing, in Talk-Shows aufzutreten, erlebte ich die Rückkehr des guten alten Bussi-Bussi. Alle Menschen, die einen beim Betreten des Studios mit einem Kuß begrüßten, küßten einen wieder, wenn man aus dem Schminkraum, dem Grünen Zimmer oder der Damentoilette zurückkehrte. Nicht genug damit: Sobald man ihnen auf der Bühne oder vor der Fernsehkamera nochmals begegnete, führten sie sich auf, als hätten sie einen kurz nach dem ersten Weltkrieg totkrank in Paris zurücklassen müssen und seitdem nicht gesehen.

Ein Begrüßungskuß bedarf einer gewissen Geschicklichkeit. Zunächst muß festgelegt werden, wer küßt, wer geküßt wird. Hat der Küsser sich entschlossen, einem ein Bussi zu verpassen, darf es kein unentschlossenes Zögern mehr geben. Er oder sie sollten den zu Küssenden an beiden Händen oder Schultern fassen und von links küssen. Nur Vampire küssen von rechts.

Küßt man eine Frau, ist äußerste Vorsicht geboten: ihre Ohrclips gefährden das Augenlicht, modische Broschen können Löcher in alle prallen Körperstellen bohren, ein Nest aus hochtoupiertem Haar augenblicklich Erstickungstod zur Folge haben. (Mich hat einmal eine offenstehende Anstecknadel derart angepiekt, daß mir die Luft ausging. An der Nadel hing ein Namensschildchen mit der Aufschrift: »Guten Tag, ich bin Inez Funkhauser.«)

Von vorrangiger Bedeutung ist die Dauer eines Kusses. Was gilt noch als guter Geschmack für den Begrüßungskuß? Ich habe erlebt, wie Quizmaster einen Gast mit solcher Begeisterung begrüßten, daß ich glaubte

a) es handele sich um Mund-zu-Mund-Beatmung einer Scheintoten,

b) er ginge sofort nach der Show mit ihr zusammen auf Aussteuer-Kauf.

Ein Begrüßungskuß sollte ein rascher, unpersönlicher Stups sein, nicht leidenschaftlicher als bei einem anlehnungsbedürftigen Orang-Utan. Einige Küsser allerdings küssen derart lässig, daß sie noch während der Tat schon die nächste Kandidatin anpeilen.

Einem Weitsichtigen erwachsen durch die neuen Kußgewohnheiten weitere Schwierigkeiten. Ich habe einmal fünf Minuten lang einen Trinkwasserauto-

maten geküßt und dabei beteuert: »Aber selbstverständlich erinnere ich mich an dich, Florence!«
Es ist eine bekannte Tatsachen, daß die Küsserei
zwischen Frauen, die sich ohnehin ständig sehen,
witzlos ist.
Sonst habe ich zu dem Thema wenig zu bemerken,
höchstens – wie neulich, als ich einen Mann mit
Zahnstocher im Mund küssen mußte –: Autsch!

Durchsuchungs- und Beschlagnahmerechte in der Naßzelle des Hauses

Gestern habe ich im Wirtschaftsraum einen An-
schlag angebracht, auf dem steht:
»Sämtliche Kleidungsstücke, die hier über neunzig
Tage lagern, werden auf Kosten des Eigentümers ab-
geschleppt und öffentlich versteigert.«
»Was heißt'n das?« fragte meine Jüngste.
»Das heißt, daß du ganz unten in deinem Wäschesta-
pel noch Windeln liegen hast, und du wirst dieses
Jahr dreizehn. Es heißt, daß deine Wäsche einen bestimmten Platz hat, auf den sie gehört, und daß ich
sie gerne dort sehen würde.«
»Darüber wollt' ich sowieso gerade mit dir reden«
sagte er. »Warum hast du meine Blue jeans in die Wäsche geschmissen?«

»Weil sie auf dem Fußboden lagen.«

»Waren sie ganz zusammengetreten zu zwei kleinen Hügeln?«

Ich nickte. »Was hat das damit zu tun?«

»Wenn sie so zusammengetrampelt sind, sind sie nicht schmutzig.«

»Und woher soll ich wissen, wann du sie für schmutzig hältst?«

»Wenn sie schmutzig sind, trete ich sie unters Bett.«

»Warum legst du sie nicht obendrauf?«

»Weil ich sie nicht bei den sauberen Sachen haben will.«

»Warum holst du deine sauberen Sachen nicht aus der Waschküche ab und legst sie ins Fach, statt drin zu schlafen?«

»Weil ich in den Fächern die schon einmal getragenen Unterhosen aufhebe, die ich noch mal anziehen will.«

Ich atmete tief ein. »Warum ziehst du denn Unterhosen zwei Tage hintereinander an?«

»Weil es meine Glückshosen sind.«

»Glück für wen?« fragte ich trocken.

»Wahrscheinlich möchtest du, daß ich meine Wäsche in den Wäschepuff schmeiße?« fragte er.

»Ja, dieser Gedanke streift mich gelegentlich.«

»Zwischen all den nassen Handtüchern, die da drin sind, würden meine Sachen verderben.«

»Nasse Handtücher gehören ja auch nicht in den Wä-

121

schepuff, sondern auf den Handtuchhalter.«
»Da ist aber kein Platz. Alles voller Pullover und
Strumpfhosen!«

Verkehrsregeln für Einkaufskarren

Ich finde, das Mindestalter für den Fahrverkehr innerhalb eines Abholmarktes sollte auf 35 Jahre erhöht werden. In einem Abholmarkt einzukaufen,
war früher einmal ein fröhliches Abenteuer. Heutzutage ist es ein Kampfeinsatz.
Wie ich neulich zu einer Freundin sagte: »Bei so vielen jungen, ungeübten Fahrern und alten Dämchen,
die nur sonntags nach der Kirche mit einem Karren
fahren, ist es der reinste Dschungelkrieg.«
Der Einkaufskarren ist heute der am meisten ver-
harmloste Risikofaktor im öffentlichen Verkehr. Er-
stens einmal wird in keinem Staat für das Fahren dieser Vehikel ein Führerschein verlangt. Zweitens
kann jeder, ohne Rücksicht auf Alter, Sehkraft, Ge-
sundheit, Kondition oder Geisteszustand sich an die
Lenk-Stange begeben. (Manchmal ist überhaupt niemand an der Lenk-Stange, dann fährt so ein Teufels-
karren von allein!)
Die Behauptung, die Karren seien selbst bei noch
so geringer Geschwindigkeit nicht ungefährlich,
scheint mir eine maßlose Untertreibung. Ich habe im

folgenden ihre wesentlichen Nachteile aufgezählt. Sie sind aufgefordert, mir beizupflichten!

1) Einkaufskarren sind nie richtig geparkt. Sie stehen unweit des Eingangs ineinandergekeilt, und man kann sie nur durch Boxen, Schütteln und Zerren, manchmal sogar nur durch den bekannten Tritt in den Bauch trennen. Möglicherweise wird schon dadurch die Konstruktion geschwächt (die des Karrens, nicht die des Treters).

2) Sicherheitskontrollen würden ergeben, daß zwar in den meisten Fällen alle vier Räder eines solchen Vehikels funktionieren, leider streben sie aber in verschiedene Richtungen. Drei Räder wollen eigensinnig die Regale entlangrollen, das vierte aber drängt hinaus auf den Parkplatz.

3) Für Kinder, die auf dem Sitz des Einkaufswagens mitfahren, sind keine Sicherheitsgurte vorgesehen. Daher kommte es nicht selten vor, daß sich ein Kind vom Karren herabbeugt und ein halbes Pfund rohe Bratwurst verspeist hat, ehe man etwas merkt.

4) Fahrer von Einkaufswagen sollten wie Flugkapitäne und Nonnen immer nur zu zweit auftreten. Nur zu zweit wird man jeder Lage gerecht. Der eine schiebt, der andere kann sich umsehen und die Kalorienangabe von einer tiefgefrorenen Lasagna ablesen.

5) Das Überholen in einem Supermarkt ist äußerst gefährlich, weil die Gänge zwischen den Warenstapeln für genau anderthalb Einkaufswagen berechnet

sind. Das ermutigt den rücksichtslosen Fahrer, der die Schlagsahne aus seinem Einkaufswagen tropfen sieht, Ihren Wagen absichtlich seitwärts in die Waschmittel zu drängen. Der große Schock zum Schluß: Einkaufskarren haben keine Bremsen.
Und noch schlimmer, die Verbraucherschutzzentrale kümmert sich gar nicht darum.

Ehrlichkeit bei der Werbung

Hierzulande hört man jetzt viel über »ehrliche Verpackung«. Die Kunden wollen keine Schwindelpakkungen. Sie wollen genau wissen, was sie kriegen, ehe sie damit angeschmiert sind.
Ich habe mir lange überlegt, wie ich meine Kinder auf den Markt bringen würde. Guten Gewissens kann ich sie, so meine ich, nicht in die Ehe entlassen, ohne ihnen ein Etikett auf die Stirn zu kleben: »Achtung, dieses Menschenkind ist unter Umständen schädlich für Ihr geistiges Gleichgewicht.«
Ich habe bereits Angstvisionen von bedauernswerten Bräuten, die mir tränenüberströmt sagen: »Du hast mich ausgetrickst. Warum hast du mir denn nicht vorher gesagt, daß dein Sohn nicht imstande ist, eine Tür hinter sich zuzumachen?«
Es ist nur eine Frage der Zeit, dann wird sie auch seine anderen Grundmängel bemerkt haben und mir ein noch schlechteres Gewissen verschaffen. So weiß

mein Sohn beispielsweise nicht, wie man einen Waschlappen auswringt. Ich habe Waschlappen-Abendkurse abgehalten, bei denen ich den Handgelenk-Drehtrick leichtverständlich demonstrierte. Mein Sohn besteht trotzdem noch immer darauf, ihn triefnaß fallen zu lassen, wo er gerade geht und steht.

Er kann keine Zeitung wieder zusammenlegen, die er gelesen hat, er hört kein Telefon klingeln, wenn es nicht für ihn ist, er kann keinen Korken auf eine Flasche tun, keine Tube zuschrauben und kein Gespräch führen, ohne daß er den Mund voll hat.

Er schmeißt seine Kleider über die Stuhllehne, hält sich im Schreibtischfach einen Dreimonatsvorrat Süßigkeiten und macht sein Bett, indem er es mit einem Kleiderbügel glattstreicht.

Ändert er sich nicht drastisch, wird es unmöglich sein, mit ihm zu leben. In jedem Wagen will er immer am Fenster sitzen, er bittet, bevor er richtig bei Tisch sitzt, schon um eine zweite Fleischportion und gestand einmal einem Freund, daß er sich erst zu Schulanfang im September die Zähne putzen werde.

Nein, wirklich, ich wäre eine Verräterin an meinem eigenen Geschlecht, wenn ich ihm nicht ein Schild um den Hals hängte:

Knabe. Elf Jahre. Made in U.S.A. Höhe 1.60, Nettogewicht (einschließlich Verpackung) 68 ½ Pfund. Ohne Farbzusatz, blond im Sommer, verwaschen im

Winter. Fassungsvermögen: acht Mahlzeiten täglich à 3500 Kalorien. Künstlich gesüßt.

Unempfindlich gegen Sonne, Regen und Matsch. Zusammensetzung: 80% Charme, 10% Schwindel, 10% Energie.

Gebrauchsanweisung unbedingt beachten!

Dieser Elfjährige darf nicht zu ernst genommen werden, nur *cum grano salis* und unter ärztlicher Kontrolle!

Sind Drive-in-Schalter verfassungswidrig?

Natürlich ist das nur meine persönliche Meinung, aber ich glaube, Gott hat nicht gewollt, daß der Mensch vom Fahrersitz aus Geld abhebt und einzahlt, Nahrungsmittel bestellt und Briefe aufgibt.

Bis heute habe ich nur zwei Autos erlebt, die sich durch waghalsige Manöver in die richtige Position brachten, damit die Fahrer ihre Geschäfte tätigen konnten; davon stammte einer aus einem Hell-Driver-Derby, der andere war ein Leihwagen. Beide hatten also nichts mehr zu verlieren.

Drive-in-Banken machen mir die meiste Angst, vielleicht weil man dabei auf einem Monitor kontrolliert wird und mir der Gedanke so peinlich ist, daß die Schalterbeamten die Köpfe zusammenstecken und rufen: »Guckt mal, das ist wieder die, bei der sich

126

neulich der ganze Wagen in seine Bestandteile aufgelöst hat, als sie das Schutzblech abriß.«

Infolgedessen bin ich sehr vorsichtig. Ich halte gute 3 m vor dem Schalterfenster, und wenn die kleine Schublade herausgerutscht kommt, kann ich meinen Einzahlungsschein sehr wohl hineinpraktizieren, wenn ich die Wagentür öffne,

mich mit dem Kopf durch den Sicherheitsgurt zwänge, mich mit dem Knie an der Gangschaltung abstütze und dabei

a) eine Weile den Atem anhalte,

b) genau ziele,

c) und keine Sturmbö meinen zu einem Papierflieger gefalteten Einzahlungsschein auf dem Parkplatz herumweht.

Mit den Briefkästen ist es anders. Noch nie habe ich vor einem Briefkasten gehalten, ohne mir aufs lebhafteste die Diskussion in der Oberpostdirektion vorzustellen, bei der es um die Anbringung der Briefkästen geht.

»Nicht doch, Chester«, sagt der Designer. »Sie haben die Kästen ja auf der Seite angebracht, auf der die Fahrer sitzen. So verwöhnen dürfen wir sie nicht. Hängen Sie sie an der Beifahrerseite auf, dann muß der Fahrer parken, den Schalthebel zwischen die Beine klemmen, sich mit dem Hals über das Fenster quetschen, den Brief in den 15 cm breiten Schlitz zu bugsieren.«

»Und dieser Schlitz, sollte der nicht gleich oberhalb

127

der verwischten und unleserlich gewordenen Leerungszeiten angebracht werden?«

»Höher, mein lieber Chester, höher«, lächelt der Boß.

Ein weiteres trübes Kapitel ist es, Bestellungen für fünf Personen in eine Art Rohrposttrichter zu tuten, besonders wenn man dabei allein im Wagen ist. Ich jedenfalls komme mir immer vor wie ein Idiot, wenn ich dasitze und brülle, daß mir die Halsmuskeln hervortreten.

Mein Mann meinte kürzlich ganz sachlich: »Du brauchst doch die Drive-in-Schalter nicht zu benutzen, du kannst ja zum Beispiel zu Fuß hingehen.«

Um Himmels willen, da lasse ich mir eher längere Arme wachsen.

Ist der Familienurlaub legal?

Da bereits so viele Eltern Opfer eines Familienurlaubs geworden sind, drängt sich einem die Vermutung auf, daß sie ein paar Grundregeln nicht kennen, mit deren Hilfe sich einige der unvermeidlichen Krisensituationen meistern lassen. Um nur die häufigsten Fälle anzusprechen:

Kindesaussetzung

In 47 Staaten der USA ist es gesetzeswidrig, ein Kind in einer Toilette zurückzulassen und später zu behaupten, es sei ein Versehen gewesen. Maryland und Utah haben Mitleid mit den Eltern – sofern sie ein ärztliches Attest vorlegen, das ihnen ein Nachlassen ihrer geistigen Spannkraft infolge der Reisestrapazen bescheinigt. In Alaska (wo man sehr tolerant ist) darf man den Kindern leichte Schlafmittel eingeben.

Grober Unfug in New Jersey

In New Jersey ist es auf allen Autobahnen verboten, daß sich ein Kind aus dem Wagenfenster hängt und eine Sirene nachahmt. Darüber erging 1953 ein Gerichtsurteil, als 45 Wagen (einschließlich der Polizeifahrzeuge) rechts heranfuhren und den Verkehr für 52 Stunden lahmlegten.

Schlüsselkinder

Alle fünfzig Staaten Nordamerikas haben eine Regelung bezüglich der Toilettenschlüssel erlassen, die Kinder als Andenken mitnehmen. Eine der härteren Strafen besteht darin, dem Kind zwei Liter Limonade einzuflößen und es dann vor die geschlossene Toilettentür zu stellen, bis der Schlüssel wiederauftaucht.

Haltet die Straßen rein!

Fahrzeuge mit Familien an Bord dürfen nicht mehr

im Zentrum von Städten über 450 000 Einwohnern halten, um nach dem einen Turnschuh zu suchen, den jemand aus dem Fenster des fahrenden Wagens geworfen hat. Vielmehr wird den Müttern nahegelegt, Namensschilder mit vollständiger Anschrift auf jedem Schuh anzubringen.

Antilärm-Gesetz

Fast alle Städe (einschließlich der drei Geisterstädte in Arizona, die nur in Western-Filmen vorkommen) haben ein Gesetz gegen den Lärm. Falls also Urlauber in dieser Gegend zwei Radios gleichzeitig voll aufdrehen, der Hund bellt und der Vater gequält aufschreit: »Man sollte es nicht glauben, aber wir *mußten* gar nicht heiraten!« und man es hört, obwohl sämtliche Fenster des Wagens geschlossen sind, werden unter Umständen alle Insassen verhaftet.

Unfallfreies Fahren

Es ist ungesetzlich, ein Badefloß von 6 Metern Länge in einer Limousine so aufzublasen, daß Daddy keine freie Sicht auf die Straße mehr hat. Ferner ist ungesetzlich, ihm Zöpfchen am Hinterkopf zu flechten, während er Bergstraßen fahren muß, oder ihm die Schuhe zusammenzubinden, während er einen Tunnel durchquert.

130

Sonderthemen

Die Wiedergabe von Mitteilungen, die ein Kind an Toilettenwänden gelesen hat, berechtigt die Eltern nicht dazu, dem Kind Novocain in die Zunge zu spritzen, es sei denn, das Kind ist über mehrere Kilometer nicht von seinem Thema abzulenken.

Familientrennung auf Autobahnausfahrten

Eine überaus prekäre Maßnahme. Trotzdem entschlossen sich gerade dort schon so manche Eltern, die Familientaue zu kappen und umgehend einen Anwalt aufzusuchen. Dabei ist jedoch zu bedenken, daß der Kombi meist den Kindern zugesprochen wird.

Illegaler Besitz von Schleckereien

Einen Volksschuldirektor im Osten der Vereinigten Staaten nervten die falsch zusammengesetzten Schulfrühstücke der Kinder so sehr, daß er durch schriftliche Verfügung alles Naschwerk vom Büfett der Cafeteria verbannte.
Ich bin überzeugt, die lieben Kleinen haben diese Verfügung zwischen zwei Kartoffelchips und einen Schoko-Riegel geklemmt und als Schulfrühstück verzehrt.

Theoretisch ist an dem Verbot nichts auszusetzen. Kinder sollten wirklich ausgewogene Mahlzeiten zu sich nehmen. Aber Kinder halten wenig von autoritären Entscheidungen.

Ich hätte es andersherum versucht. Nach der guten alten Methode: bestehe energisch auf dem Gegenteil von dem, was du wirklich willst, dann glaubt das Kind, die Idee sei ihm selbst gekommen und es fiele dir damit auf den Wecker. Etwa so:

AN DIE SCHÜLER DIESER ANSTALT:

Betrifft: Abwechslungsreiche Schulfrühstücke.

1. Im Bereich der Schule dürfen keine Karotten gegessen werden. Kinder, die solche von zu Hause mitbringen wollen, brauchen dazu die schriftliche Einwilligung der Eltern, widrigenfalls die Schulbehörde die Karotten konfisziert und bis zum Schluß des Unterrichts aufbewahrt.

2. Schrankkontrollen zur Auffindung von Thermosflaschen mit heißer Gemüsesuppe oder ähnlichen gesundheitsfördernden Gerichten werden ohne vorherige Warnung und in unregelmäßigen Zeitabständen durchgeführt. In solchem Fall sind die Schüler gehalten, an ihre Schränke zu treten und dort in Habachtstellung stehenzubleiben. Ohne Erlaubnis einer Lehrkraft dürfen die Schränke nicht geöffnet werden! Thermosflaschen werden gegebenenfalls vom Hausmeister eingesammelt und vernichtet.

3. Auf Wunsch der Schüler wird an der Tür der Cafeteria frisches Obst angeboten. Diese Regelung gilt bis auf Widerruf. Sollte sich herausstellen, daß die Schüler nur noch Obst zum Schulfrühstück essen, erlischt die Erlaubnis. Obst enthält Zucker und kann daher für den Zahnschmelz verderblich sein. Um Gedränge am Obsttisch zu vermeiden, bitten wir, das nötige Kleingeld abgezählt bereitzuhalten.

4. Wie dem Rektor seitens der Lehrkräfte gemeldet wurde, liegen auf dem Pausenplatz des öfteren Rosinenschachteln und Milchpackungen herum. Es ist uns bekannt, daß einige Schüler gesundheitsfördernde Nahrungsmittel ins Schulgebäude einschmuggeln. Sie müssen damit rechnen, durch Aushang namentlich angeprangert zu werden.

5. Der Rektor dieser Anstalt wird gelegentlich Kontrollen im Frühstücksraum durchführen. Was er dort sehen möchte sind: Kartoffelchips, Schokoladenriegel, Lutscher, Eis am Stiel und süße Limonade. Immer daran denken: Süßigkeiten sind wichtig für weiche Knochen und weiche Zähne, und man wird angenehm schläfrig davon.

Glauben Sie mir: DAS würde funktionieren!

Das Recht auf Revolten gegen Klimaanlagen

Neulich las ich in der Zeitung, daß man jemand tot aus dem Michigansee gefischt hatte, der nach längerem Anwärmen doch wieder lebendig wurde.

Das wundert mich keinen Moment! Der Mann war abgehärtet. Ich bin es nicht!

Dank wohlmeinender Geschäftsinhaber, die ihre Verkaufsräume prinzipiell so kühl halten wie ein Wachsfigurenkabinett, bin ich von Mai bis September in einer Art Erstarrungszustand. Es merkt nur niemand.

Ich gehe mit einem Mantel überm Arm ins Kino. Im Supermarkt verbringe ich die halbe Zeit vor dem Drehspieß der Grillabteilung, um mir die Hände zu wärmen. Ich fahre mit meinem Wagen auf der falschen Straßenseite, nur damit ein Sonnenstrahl auf meinen Arm fällt. Neulich abends in einem intimen kleinen Restaurant bat ich meinen Mann während des Essens: »Würdest du bitte den Arm um mich legen.«

»Was willst du nun, schmusen oder essen?« fragte er und bestrich ein Stück Knoblauchbrot mit Butter.

»Es war nicht persönlich gemeint«, sagte ich. »Ich friere mich nur halbtot. Kannst du bei dieser Dunkelheit die anderen Gäste erkennen?«

Er blinzelte in die Runde. »Nicht sehr deutlich. Warum?«

»Wenn die nämlich alle an Fleischerhaken baumeln, sind wir vielleicht in der Tiefkühlabteilung.«

»Ich fühle mich ganz behaglich«, sagte er und schmiegte sich in sein wollenes Sportjackett. »Vielleicht bist du blutarm oder so was. Wenn dir immer

134

so kalt ist, solltest du mal zum Arzt gehen.«

Im Wartezimmer des Arztes lächelte mich die Sprechstundenhilfe an und sagte: »Schönen guten Tag.«

»Sie haben leicht reden«, murrte ich. »Sie haben eine dicke Strickjacke an.«

Sie führte mich in einen Raum mit einer knappen Anweisung: »Ziehen Sie alles aus und das hier über.«

Ich schlüpfte in ein Papierhemd mit einem Rückenausschnitt, groß genug, um einen Lastwagen durchfahren zu lassen, und streckte mich auf einer kalten Metalliege aus. Sofort blies ein Ventilator über der Tür mein Krankenblatt vom Tisch. Ich zitterte bereits wie Espenlaub, als der Arzt eintrat, ein Stethoskop aus dem Kühlschrank nahm und mir auf die Brust setzte. Ich hauchte in die Hände und hustete.

Dann erhob er sich bedächtig, löste beide Enden des Stethoskops aus den Ohren und ging langsamen Schrittes zu seinem Schreibtisch. »Wenn ich es nicht besser wüßte, hätte ich Sie für tot gehalten.«

»Und was hat mich verraten?«

»Als mein Atem Ihre Brillengläser beschlug, fingen Ihre Augen an zu tränen.«

Behördliche Erfassung von Fotosüchtigen

Sie werden verstehen, daß ich als Ehefrau eines total verdrehten Amateurfotografen in aller Bescheidenheit vorschlagen möchte, daß ein Gesetz eingebracht wird, wonach das Tragen einer geladenen Kamera der Genehmigung bedarf.

Ohne Übertreibung: ich lebe in ständiger Angst, mein Mann könnte eines Tages das Ding auf mich richten, dabei vergessen, daß er die Kappe des Objektives abgenommen hat – und klick lande ich wieder mal in der Spalte ›Bilder ohne Worte‹.

Ich bin fotografiert worden, wie ich in Michigan den Waschraum eines Campingplatzes verlasse: mit Lockenwicklern, in Nachthemd und Gummimantel, und wie ich mir mit den Fingern im Mund herumfummle, um eine Fischgräte zu entfernen. Es kursieren an die dreißig Vergrößerungen, auf denen ich im Badeanzug auf der Seite liege. Für die Negative würde ich mein nächstes, noch ungeborenes Kind opfern.

Neulich schwenkte mein Mann wieder unachtsam mit der Kamera herum, deshalb fragte ich gereizt: »Ist das Ding geladen?«

»Na hör mal«, entgegnete er, »du tust ja gerade so, als ob ich mit der Kamera einen Unfall nach dem anderen baue.«

»Und was war damals, als du bei der Büroweihnachtsfeier Fred geknipst hast, wie er gerade versucht, Miß Frampton in der Registratur abzulegen? Er hat gedroht, dir die Nase plattzuschlagen. Und dann die Aufnahme mit dem Selbstauslöser, wo du dir fast das Bein gebrochen hast vor lauter Eile, mit aufs Bild zu kommen und der Geburtstag, wo du . . .«

Schließe dich ruhig der Anti-Kamera-Lobby an, die Fotoapparate vom Markt drängen will.«

»Nichts liegt mir ferner. Ich sage ja nur, daß Kameras nicht für den Mann auf der Straße erhältlich sein dürften. Nur für Berufsfotografen, die wissen, wie man sie benutzt. So wie die Dinge derzeit stehen, kann jedes Kind in ein Photogeschäft gehen und ohne weiteres über den Ladentisch eine Luxus-Spezialkamera kaufen. Und ehe man's sich versieht, starrt ein Unschuldiger in die Mündung einer Instamatic.«

»Du machst aus einer Mücke einen Elefanten. So oft benutze ich die Kamera gar nicht. Ich fühle mich nur irgendwie wichtiger, wenn sie um meinen Hals baumelt. Außerdem macht es Spaß, wie die Leute reagieren, wenn man den Apparat auf sie richtet.«

Er packte ihn und zielte damit auf meine Hüften, die aussehen wie zwei Posttaschen beim U. S. Pony Express. Ich hörte das Klicken des Auslösers.

»Reingefallen! Ist überhaupt kein Film drin!«

Eines Tages wird er es zu weit treiben. Aber ich bin sicher, dann gibt es kein weibliches Geschworenengericht in diesem Lande, das mich schuldig sprechen wird.

137

9.
Wissen ist Macht

Neulich habe ich mir an einem Vormittag hintereinander fünf Quizsendungen im Fernsehen angeschaut. Ich hätte wirklich
gerne abgeschaltet, aber ich war wie hypnotisiert von
den Kandidatinnen.

Die erste war ein schmächtiges Frauchen, bezeich-
nete sich als »ganz gewöhnliche Durchschnittshaus-
frau« und gewann doch tatsächlich einen Toaströ-
ster, weil sie die Nationalhymne von Bangladesch
summen konnte.

Die zweite sagte, sie hätte sieben Kinder, und dann
wußte sie die Treibsatz-Formel von Sojus II auswen-
dig und spuckte sie aus, ohne zu stottern.

Die dritte, auch eine »typische Bewohnerin eines
Reihenhäuschens«, gewann einen Jahresvorrat Tul-
penzwiebeln, weil sie wußte, daß der 6. Kreuzzug im
Jahre 1228 von Friedrich II. unternommen wurde. Ich
hätte gedacht, im Jahre 1965 von Billy Graham.

Als ich den Fernseher abgeschaltet hatte, blieb ich
noch eine volle Minute im Sessel sitzen. Ich war wie

betäubt. Ich wußte nicht einmal mehr, was ich vor drei Stunden gefrühstückt hatte. Es wurde mir schlagartig klar, daß ich mich geistig total hatte verrotten lassen.

Da schwatze ich auf Cocktailparties über Jacqueline Onassis, die mit vier seidenen Bettüchern reist, und über einen neuen Fall von Vampyrismus in unserem ehemaligen College.

Mein Wortschatz enthält überhaupt nur mehr drei einigermaßen gebildete Ausdrücke. Der eine ist ›perennieren‹ (ich las ihn einmal an einer Pflanze im Gartenzentrum, benutze ihn aber seit Jahren nicht mehr, weil er so unanständig klingt), außerdem ›toxisch‹ (mein Zehnjähriger benutzte das Wort, um sich über einen Auflauf zu beschweren, doch hat es meines Wissens die Bedeutung von ›rezeptfrei‹) und dann ›ödematös‹, was man aber nur sagen darf, wenn einer wirklich stinklangweilig ist.

Neulich beim Bridge in unserem Club schnitt ich das Thema an. »Wie um alles in der Welt schaffen es die Frauen, die man bei den Quizsendungen sieht?«

»Alles Schwindel«, meinte Gloria. »Das kann doch jeder, sich in fünf Tagen ein neues Image zulegen. Ein einziger intellektueller Schnellkurs, und die Sache ist geritzt.«

»Zum Beispiel?« fragte ich.

»Als erstes, legst du mal ein paar Nummern des ›Encounter‹ aufs Örtchen. Als Status-Symbol. Und wenn du zur Kosmetikerin gehst, nimmst du einen Stoß

140

Bücher mit und fährst mit den Fingern, so schnell du kannst die Zeilen entlang. Dann denkt jeder, du hast mit Erfolg einen Schnellkurs absolviert. Und wenn es irgendwo gesteckt voll mit Leuten ist, schau erstaunt in die Gegend und frage beiläufig, aber laut: »Archie Bunker? Wer verlegt den DEN?« Erzähl der Klatschtante deines Viertels unter dem Siegel der Verschwiegenheit, daß du dir eine Mappe angeschafft hast, um die Sonntagsausgabe der ›New York Times‹ immer zur Hand zu haben. Etwa: ›Ist es nicht unglaublich, da sind nun 57 Millionen 93tausend US-Dollar im Umlauf, und ich kann morgens die 35 Cents fürs Schulfrühstück nicht finden‹.«

»Ich versteh's nicht recht, Gloria«, sagte ich. »Mir ist immer noch schleierhaft, wie die kleine Hausfrau das mit Friedrich II. im Jahre 1228 wissen konnte.«

»Sie hat einfach geraten und Glück gehabt«, meinte Gloria.

Jackie warf ihre Karten auf den Tisch und sagte: »Darf ich dir mal einen Rat geben? Laß die Finger von Quizsendungen. Man wird süchtig davon. Ich habe mir mal eine ganze Woche lang täglich Ratespiele angesehen, gleich nach dem Frühstück mit ›Was ist denn das?‹ angefangen und abends um halb acht mit ›Frag mich noch was!‹ aufgehört. Es hat meine ganze Persönlichkeit umgekrempelt. Ich sah nur noch Quizmaster. Ich wünschte mir ein fünfteiliges Geschirr als Belohnung, wenn ich meinen eigenen Namen wußte. In meiner Phantasie drückte ich ständig auf irgendwelche Summertasten und rief unaufgefordert ›1984‹.« Ich konnte auch kein Abendessen mehr machen. Ich wußte nicht mehr, ob ich Tür 1 (Backrohr), Tür 2 (Tiefkühlfach) oder Tür 3 (Schrank) öffnen mußte.

Außerdem konnte ich nicht mehr zuhören, wenn jemand sprach. Ich konnte mich überhaupt nicht mehr konzentrieren. Ich lächelte immer nur und murmelte vor mich hin: ›Ich setze 500 Dollar‹. Eines von den Ratespielen hat mich besonders fasziniert. Es heißt ›Wie du mir, so ich dir‹. Es ist ein Spiel, wißt ihr, bei dem die Ehefrau versucht, die Fragen so zu beantworten, wie sie glaubt, daß ihr Mann sie beantworten würde – und umgekehrt. Im Grunde ein Abkürzungsweg zum dritten Weltkrieg. Als mein Mann heimkam, wollte ich's dann wissen. ›Was war, deiner Meinung nach, der peinlichste Moment bei unserer Hochzeit?‹

›Als unsere Kinder auftauchten‹.

›Das sieht dir ähnlich, witzig sein wollen, wenn es für die richtige Antwort ein Herren- bzw. Damenrad gibt!‹, beschimpfte ich ihn.

›Du wollst also eine ehrliche Antwort? Der peinlichste Moment war, als deine Mutter schwarzverschleiert und im Leichenwagen zur Hochzeitsgesellschaft stieß‹.

›Das war mir neu. Stimmt das? Dann sollten wir ganz offen darüber sprechen.‹

›Ja, vielleicht hätte ich dir von Anfang an mehr *Spiel*-Raum geben sollen.‹«

»Aber das klingt ja schrecklich«, unterbrach ich sie.

»Überhaupt nicht, es ist sogar nützlich«, gab sie zurück.

»Nächste Woche treten wir zusammen in einer neuen Sendung auf. Sie heißt ›Scheidungsversuch‹.«

Trotz dieser Aufklärung durch Gloria und Jackie kann ich die Mitspieler von Quizsendungen nur bewundern. Von Woche zu Woche werden die Spiele komplizierter, die Preise phantastischer und die Kandidaten aufgeregter.

Ich habe miterlebt, wie die armen Hausfrauen, die sich zu einer solchen Sendung gemeldet hatten, alle Stadien durchliefen, von hysterisch zu frenetisch und wieder zurück. Ich frage mich allen Ernstes, wie lange sie einem derartigen Streß überhaupt noch standhalten können. Vorige Woche habe ich mir eine ganz neue Sendung angesehen. Sie hieß kurz und prägnant: INFARKT. Ihr zu folgen, war relativ leicht.

Eine Teilnehmerin wurde gebeten, eine Zahl zu wählen, die zu einem Ballon gehört. Wenn sie dann den Ballon platzen ließ, fiel ein Kärtchen heraus, auf dem stand GEWINN. Danach spielte sich folgendes ab:

»Na, Frau Schlau«, sagte der Moderator strahlend, »wissen Sie auch, was Sie da gewonnen haben?«

Frau Schlau schüttelte wie benommen den Kopf.

»Sie haben soeben 25 Tausender gewonnen.«

Die Kapelle stimmte ›Das kann doch einen Seemann nicht erschüttern‹ an. Frau Schlau tat einen Luftsprung von circa 3 m lichter Höhe und umarmte den Moderator, wobei sie hemmungslos zu schluchzen begann.

Der Moderator hob die Hand und gebot Ruhe. »Italienische Lire. Wissen Sie, wieviel das in amerikanischem Geld ist? Ungefähr 48 Dollar und 12 Cent. Schade, liebe Frau Schlau, sehr schade. Aber noch einen Moment Geduld. Sie dürfen sich diese Lire bei einer italienischen Bank abholen. Sie haben nämlich zusätzlich einen dreiwöchigen Aufenthalt in Rom gewonnen.«

Frau Schlau griff sich mit beiden Händen ans Herz und tat ein paar taumelnde Schritte, während die Kapelle erneut spielte. Frau Schlau packte den Moderator am Ärmel.

»Natürlich ist Rom in Staate New York gemeint«, grinste dieser.

Frau Schlau sank wieder etwas in sich zusammen, emotional erschlafft.

»Warten Sie! Einen Moment! Sehen Sie sich erst mal an, was Sie zur Reise tragen werden!«

Der Vorhang öffnete sich, und man sah einen Nerzmantel im Wert von mindestens 4000 Dollar. Der Moderator half ihr hinein. Frau Schlau schaffte ein zittriges Lächeln und ein kleines Winken ins Publikum.

»Schade. Nicht Ihre Größe. Zu dumm. Liebe Frau

Schlau, hätte der Mantel Ihnen gepaßt, wären Sie in einem Nerz für mindestens 4000 Dollar nach Hause gegangen, in dessen Tasche ein Bankbuch der Schweizer Kreditanstalt über 100 000 Franken steckt.«

Frau Schlau sank ohnmächtig zu Boden. Der Moderator beugte sich über sie. »Sie sind leider nicht bei Bewußtsein geblieben, liebe Frau Schlau. Und das wird in den Spielregeln nun einmal verlangt. Aber weil Sie so nett mitgemacht haben . . . Keiner soll uns mit leeren Händen verlassen. Als Trostpreis überreiche ich Ihnen einen Herzschrittmacher mit Ihrem Monogramm. Applaus für unsere Kandidatin Frau Schlau!«

So wie ich die Sache sehe, ist es nur eine Frage der Zeit, bis als Teilnehmer bei solchen Ratereien nur noch echte Profis zugelassen sein werden. Diese haben sich selbstverständlich vorher einer gründlichen ärztlichen Untersuchung zu unterziehen. Und eines fernen Tages werden wohl alle Teilnehmer den Lehrgang »Jubel und Frohlocken« absolvieren müssen, der bis dahin überall im Lande abgehalten wird. Der Prospekt eines solchen Trainingslagers dürfte sich etwa folgendermaßen lesen

Jo Carters Lehrgang
für Jubel und Frohlocken

Zielgruppe unseres Lehrgangs:
Alle Personen über 18, die härtesten körperlichen Anforderungen gewachsen sind und die

a) höher springen können als der längste Quizmaster,

b) die Symptome eines nahenden Herzanfalls ignorieren können, wenn sie eine Reise nach Athen gewonnen haben und sich herausstellt, daß Athen in Georgia gemeint ist und nicht Athen in Griechenland,

c) vier Stunden lang im Sperrfeuer blendender Scheinwerfer warten können, aufgetakelt wie ein Kriegsschiff, und die, wenn sie schließlich von einem unserer großen Plauderer aufgerufen werden, *immer noch* gleichzeitig lachen und weinen können.

Sonderkurse (jeweils mit Abschlußzeugnis)

Bibbern und Wimmern (3 Unterrichtsstunden)
Pflichtfach für alle Kandidaten. Härtetraining für den Zeitraum zwischen Beantwortung der Fragen und Nennung des Gewinns. Umfaßt unter anderem: Lippen blutig beißen, Hände ringen, Anzüglichkeiten aus dem Publikum anhören, Augen verdrehen, bis man nur noch das Weiße sieht, etc.

Was tun, wenn man das Auto, also den 1. Preis, gewinnt? (3 Unterrichtsstunden)

Ein grundlegender Kurs in Hysterie, geleitet vom Gewinner eines Quiz, der die Frage, wer Max und Moritz waren, beantworten konnte und dadurch einen Chevrolet Baujahr 1953 gewann.

Umarmen und Küssen des Moderators vor der Kamera braucht nicht tödlich auszugehen (3 Unterrichtsstunden)

Die gefährdeten Stellen am Hals des ›Gastgebers‹ der Show werden aufgezeigt, es wird demonstriert, wie leicht man ihm bei dankbaren Umarmungen die Atemwege abklemmen und Erstickungsanfälle auslösen kann, ferner wird erläutert, warum man den Moderator nicht vom Boden hochheben darf.

Was tun, wenn man Schmerzen in der Brust kriegt?

Erkundigen Sie sich, welche Shows Sauerstoffapparate bereithalten und wo von Ihnen erwartet wird, daß Sie einen Infarkt elegant überspielen. Bedenken Sie : Wenn Sie in Ohnmacht fallen, gibt es Trubel, aber keinen Jubel. Lernen Sie aufrecht stehenbleiben.

Wie man der Steuerbehörde gegenüber den Verlierer spielt

Ein paar praktische Tips, wie man mit einem Beutel voller Geld an Einkommensteuerprüfern vorbeiwankt und trotzdem amerikanischer Bürger bleibt.

Immer daran denken:

Die Beteiligung an Fernsehquiz-Sendungen kann gesundheitsschädlich sein! Werden Sie vorher Profi!

Schade, für Frau Schlau kommt mein Vorschlag wohl zu spät.

10.
Moden und Marotten, die mich *nicht* hinreißen konnten

 Man liest ja immer nur die Geschichten der großen Erfolge!
Von dem Starlet, das am Abend einen Ohrring verliert, und am nächsten Morgen trägt ganz Amerika nur *einen* Ohrring. Von dem Disco-look, den John Travolta auslöste.
Oder von einer First Lady, die für die Dauer ihrer Amtszeit unser aller Garderobe bestimmte.
Wie aber steht es mit den Geschichten der Mißerfolge? Mit den Moden, die an ein und demselben Tag kamen und verschwanden?
Was ist mit den Modeschöpfern, deren Hoffnungen und Träume zerplatzten wie die Luftballons, angestochen vom schrillen Gelächter von 50 Millionen Frauen? Einige modische Trends dringen eben nicht durch. Erinnern Sie sich noch an das Kratz-und-Riech-Hemd? Eigentlich hätte es ein toller Hit werden müssen, im Prinzip war es nämlich großartig. Man kratzte sich, und – voilà – voilà – es verbreitete sich ein Parfum, das von Dior bis Pizza die ganze Ge-

ruchsskala umfaßte. Leider gab es zu viele Nachahmer. Die Leute kratzten sich aus Statusgründen und rührten nichts auf außer Schweißgeruch. Davon bekam das offizielle Kratz-und-Riech-Hemd einen schlechten Ruf, vom schlechten Geruch mal ganz abgesehen.

Und die Gladiatorenstiefel. Wissen Sie noch? Sie waren aus Lackleder und gingen bis dicht übers Knie. Man konnte in ihnen prunken oder sich damit hinsetzen. Beides zugleich konnte man nicht.

Auch der Windel-Bikini wäre ein echter Knüller geworden, hätten seine Trägerinnen ihr Körpergewicht bei etwa 8 Pfund halten können.

Und der Popo-Pulli? Ein glatter Schlag ins Kontor. Er gehörte zu den vielen Strickmoden, die nur auf einem Kleiderbügel nach was aussehen, nicht aber auf dem menschlichen Körper. Außerdem war der Name irreführend. Er deutete immerhin an, daß jeder Popo sich mit einem Pulli bedecken sollte. In manchen Fällen bedeckte er aber nur den obengenannten Teil, Seiten- und Vorderfront blieben im Freien.

Der seidene Kissenbauch schaffte es auch nicht. Da warfen doch vor ein paar Jahren die Hersteller einen falschen Bauch in Form eines Seidenkissens auf den Markt. Die Mädchen banden ihn sich um die Taille, wenn sie gesund aussehen wollten.

Ich sah mit dem Ding derart gesund aus, daß mich zwei Männer in einem Autobus auf ihre beiden Sitze wuchteten und ein dritter das Rote Kreuz alarmierte,

weil er meinte, ich käme jeden Augenblick nieder.
(Der Kunstbauch ziert jetzt das Wohnzimmersofa.)
Einer der ärgsten Fehlschläge aber war das Etui-Kleid
aus einem Stück. Als man sich umsah und durch-
zählte, stellte sich heraus, daß es in ganz Amerika
nur sechs Frauen gab, die in einem Etui-Kleid gut
aussahen. Fünf waren Todeskandidatinnen, und eine
hatte eine Xerox-Maschine zum Vater.
Aus purer Neugier schob ich einmal Etui-Kleid-Suits
auf dem Ständer hin und her, bis mich eine Verkäuferin fragte: »Welche Größe suchen Sie? 42? 44? 46?«
»Jawohl«, sagte ich.
»Also welche?« wollte sie wissen.
»Alle drei. Meine Büste ist 42, meine Taille 44 und
meine Hüften 46.«
»Probieren Sie mal einen Vierundvierziger«, sagte sie
sachlich. »Die Kabine ist dort hinten«.
Eine solche Umkleidekabine hatte ich noch nie gesehen. Es war eine Art Gemeinschaftsraum, sehr groß,
mit sechzehn Spiegeln an der Wand und einem langen Ständer in der Mitte, an den man hängte, was
man nicht wollte. Eine Frau zog sich gerade aus. An
der Tür stand eine andere Frau, die darauf zu achten
hatte, daß man nicht mehr bekleidet wegging, als
man gekommen war.
Für mich ist jede Probierkabine so etwas wie ein
Beichtstuhl, ein Ort, in dem mein Körper und meine
Zerknirschung allen vorhandenen Raum einneh-
men. Für was anderes ist da kein Platz. Ich sah mich

151

um. Alle Blicke waren auf eine einzige Frau gerichtet. Sie wog ungefähr sechs Pfund und probierte gerade ein Etui-Kleid. Es glitt an ihr herauf, über ihre Hüften bis zu den Armen. Etwas in meinem Inneren zog sich zusammen, als sie den übrigen Stoff um ihre Taille zurechtzupfte.

Die Verkäuferinnen konnten kein Auge von ihr wenden. Ich kannte diese Mienen schmerzlicher Gekränktheit, hatte sie aber bisher nur einmal gesehen, in einem Film mit Charlton Heston, unmittelbar bevor sich das Tor öffnete, das die ersten Christen von den Löwen trennte.

Schritt für Schritt näherte ich mich der Frau und raunte ihr zu: »Gehen Sie lieber, meine Dame, ehe man Sie hier in Stücke reißt.«

Dann war ich dran. Fünfzehn Minuten lang zerrte und quetschte ich mich in das Etui-Kleid. Dann sah ich in den Spiegel. Die Brust war als Rücken getarnt, der Bauch sprengte fast die Knöpfe, die Blutzirkulation in den Beinen war bereits abgeschnürt, sie waren völlig taub, der Saum schleifte am Boden.

Und wie war's mit den Plateau-Schuhen, auf denen man Schwindelanfälle und Nasenbluten bekam? Oder sich sogar das Bein brach, wie die Dreizehnjährige in England, die von ihnen abrutschte?

Als ich diese Klotzen das erste Mal anprobierte, sagte ich mir, da gehört ein Schild hinein: *Warnung! Diese Schuhe können lebensgefährliche Schäden hervorrufen. Das Gesundheitsamt.*

Ich hatte immer gedacht, Plateau-Schuhe seien etwas, das Napoleon anzog, damit er beim Küssen weiter oben ist. Dann sah ich sie an einer Frau, die zur gleichen Kosmetikerin geht wie ich. Anfangs versuchte ich ihre Entstellung zu ignorieren. (Meine Mutter hat mich immer gelehrt: nicht anstarren, die armen Menschen wissen ja, wo ihr Problem sitzt.) Aber schließlich fragte sie mich: »Was sagen Sie denn zu meinen neuen Schuhen?«

»Ich weiß, man kann darin auf dem Wasser gehen«, sagte ich.

»Über so was sollten Sie keine Witze machen«, tadelte sie. »Für einen Menschen, der so klein von Wuchs ist wie Sie, könnte sich die ganze Welt verändern. Keilabsätze heben Sie vom Boden, strecken Ihren Körper und lassen Sie 20 Pfund schlanker aussehen. Wie groß sind Sie? Und wieviel wiegen Sie?«

Ich hatte nicht die Absicht, ihr meine Körpermaße anzuvertrauen. »Ich will mal so sagen«, sagte ich, »meinem Stammumfang nach müßte ich eine 30 m hohe Sequoia sein.«

»Na also, Sie brauchen Keilabsätze«, triumphierte sie.

Im ersten Paar, das ich anprobierte, fühlte ich mich großartig. Ich wedelte mit den Zehen, und sie sprangen federnd wieder zurück wie ein Pfeil. Meine Knöchel fühlten sich fest an, und ich selbst fühlte mich sehr groß.

Bis ich aufstand.

Als ich mühselig bis zum Spiegel gewankt war, sah mich daraus etwas an, das einer nicht recht gelungenen MATER DOLOROSA glich.

»Wieso schaust du so komisch?« fragte mich daheim eins der Kinder.(»Sprich mich nicht an«, knurrte ich. »Ich habe alle Hände voll zu tun, meine Schuhe nicht zu verlieren.« Nach fünf Minuten bekam ich Schmerzen. Sie setzten an der Rückseite der Beine ein und strahlten bis zu den Hüften, schließlich bis hinunter zu den Zehen aus. Nach einer Stunde waren meine Fersen feuerrot, und meine Zehen fühlten sich an, als würden sie durch das Vorderende eines Kugelschreibers gequetscht.

Körperliche Schmerzen allein zählen jedoch nicht, wenn man bedenkt, daß mich diese Instrumente 18 Dollar gekostet hatten und ich nie ein Paar Schuhe wegwerfe, bevor die Sohlen durchgelaufen sind, Diese Sohlen aber sind 10 cm dick, und erst als *versteinerte* Sequoia werde ich aus dem orthopädischen Alptraum erwachen!

Eine Mode gibt es allerdings, die nie wirklich ›in‹, aber anscheinend auch nie völlig ›out‹ ist. Jedes Jahr entwirft ein Designer die ›Handtasche mit dem Ordnungssystem‹. Ich bin kein Typ für Ordnungssysteme. Ich möchte es so ausdrücken: Würde ein Preis von einer Million ausgesetzt für jemanden, der einen Milchzahn aus dem Jahr 1958, Autoschlüssel zu einem vor drei Jahren verkauften Wagen, ein einzelnes Pfefferminzbonbon gegen Mundgeruch und einen übriggebliebenen Strumpfschoner in der Handtasche mit sich herumträgt, so wäre ich heute Millionärin.

Diese Schlamperei stört nur die Reformapostel, die System in die Handtaschen bringen wollen. Diese Wohltäter, die nicht ruhen, bis man die Wagenschlüssel oben in der Tasche in einem Clip trägt, mit Taschenlämpchen und einem Schild SCHLÜSSEL versehen.

Übrigens ist eine der fanatischsten Anhängerinnen der Systemhandtaschenbewegung meine leibliche Mutter. Sie kann nicht begreifen, warum ich ein Kaugummipäckchen mit mir herumtrage, in dem kein einziger Kaugummi mehr ist, und was ich mit einem rostigen Nagel anzufangen gedenke. Sie konnte es kaum erwarten, mir zum Geburtstag eine der Handtaschen zu schenken, in denen alles seine Ordnung hat. Das Ding sieht aus wie ein Postamt.

»Als erstes wollen wir uns mal hinsetzen und miteinander alles durchorganisieren«, sagte sie. »Dann brauchst du nie mehr in deiner Handtasche herumzusuchen. Gib mir mal dein Scheckbuch.«

»Habe ich keines«, sagte ich. »Ich nehme die Scheckformulare lose mit.«

»Ja, worauf trägst du denn ein, für wen du sie ausgestellt hast?«

»Auf den Kassenzetteln aus dem Lebensmittelladen.«

»Und wo hebst du die auf?«

155

»In den dicken braunen Tüten, in denen die Lebensmittel sind.«

»Und wo sind die?«

»Unter der Spüle. Sie warten auf die Müllabfuhr.«

»Aha. Also weiter: Wo ist dein Paß?«

»Mein was?«

»Dein Paß! Den du brauchst, wenn du in ein fremdes Land einreisen willst.«

»Einen Paß brauche ich nur, wenn ich das Schlafzimmer deines Enkels betrete.«

»Hier ist das Täschchen für das Make-up. Wo hast du das?«

»Im Gesicht.«

»Wie wäre es«, sagte sie geduldig, »wenn du all diese kleinen Fächer und Täschchen selber füllen und mich damit überraschen würdest?«

Nach ein paar Tagen sah sie meine Handtasche liegen und kontrollierte sie. Ich hatte alle Tombolabilletts unter *Reiseschecks*, meine Haarspangen und einen einzelnen Ohrclips unter *Clubmitgliedschaften*, die Rabattmarken im Paßfach und ein paar künstliche Wimpern unter *Kreditkarten* einsortiert. Im Make-up-Täschchen steckten zwei abgenutzte Dichtungsringe, die ich durch neue ersetzen wollte. »Hoffentlich bist *du* jetzt glücklich, *ich* kann überhaupt nichts mehr finden«, platzte ich heraus.

Ein weiterer Trend, den ich nicht ausstehen kann, der aber sowieso zum Untergang verurteilt ist, sind die Namenszüge auf allem, was man heutzutage trägt.

Ich kenne eine Menge Frauen (zwei, um ganz genau zu sein), die herumlaufen wie eine Anschlagsäule. Auf ihren Handtaschen ist die Unterschrift von Gucci, auf ihren Schals hat Ives Saint-Laurent sich verewigt, und auf dem Muster ihrer Blusen kehren die Namen Wayne Rogers immer wieder. Wer meine Kleider herstellt, ahne ich nicht. Auf jeden Fall geniert er sich, sie zu signieren. Nur einmal war ich dem Geheimnis auf der Spur, da fand ich in einer Hose einen Papierstreifen, auf dem stand: »Kontrolliert von 56«.

Wer mag 56 sein? Woher stammen? Als ich die Hosen jedoch eine Weile getragen hatte, bekam ich eine gewisse Vorstellung von der Kontrolleuse 56. Sie muß einmal, bis ihre Augen nachließen, in einer Markisenfabrik Entwerferin gewesen sein. Als sie nicht mehr genügend sah, um einen Reißverschluß an eine Zeltklappe zu nähen, steckte man sie zu den Hosen. Sie betrachtet Hosen als eine Art Zelt – eine einzige Universalgröße, die jedem paßt.

Ich habe mich bemüht, sie ausfindig zu machen, aber nur erfahren, daß sie inzwischen ihren Namen in »Inspektion 94« geändert hat. Es stört mich kein bißchen, wenn die Kinder in Sportstrümpfen herumrennen, in die als Markenzeichen zwei Füßchen eingestickt sind, oder mir aus jeder Naht ihrer Blue Jeans der Name Levi entgegenflattert. Meine Freundin allerdings, die hat es mit den Status-Symbolen. Als wir neulich zusammen beim Lunch saßen, zog sie plötzlich scharf die Luft ein. »Hast du das gesehen? Violet trägt eine Bluse von Lanvin!«

»Woran siehst du das?«

»An ihrer Brust, dort steht es«, antwortete sie.

»So was ist mir zu billig. Wenn die Leute nicht nach einem flüchtigen Blick an Stil und Schnitt meiner Kleidung erkennen, wer sie entworfen hat, mache ich nicht noch Reklame dafür«, versuchte ich die hochnäsige Tour.

»Ich glaube dir kein Wort«, meinte sie bissig. »Wenn in deinen Kleidern auch nur das Schild »dauerplissiert« eingenäht wäre, du zögst sie verkehrt herum an!«

Das war eine recht unfaire Anschuldigung seitens einer Frau, von der ich genau wußte, daß sie die Nächte hindurch Pinguine auf die Golfhemden ihres Mannes malt. Also sagte ich ihr unverblümt: »Du bist ein solcher Snob, daß es dir recht geschähe, wenn du an eine dieser 50-Dollar-Handtaschen gerietest, die vor etwa einem Jahr herausgekommen sind. Die Designer haben ein unanständiges Wort ins Muster einweben lassen. Englisch sprechende Frauen hatten keine Ahnung, daß es etwas Obszönes bedeutet.«

»Das Schlimme bei dir ist«, sagte meine Freundin, »daß du neuen Modetrends gegenüber so gar nicht aufgeschlossen bist. Es erfordert nun mal Mut, anders zu sein als die anderen. Aber dir fehlt dazu jeder Schneid. Wetten, daß du noch nie im Morgenrock auf einer Party warst?«

»Seit der Nacht, in der man mir auf dem Teetisch den Blinddarm rausschneiden mußte, nicht mehr, das stimmt.«

»Barbara Walters hat das glatt mal gemacht«, berichtete sie. »Sie war zu einem Galadiner auf den Philippinen eingeladen und hatte kein langes Kleid mit. Das Diner sollte in zehn Minuten anfangen. Sie wollte schon absagen, da fiel ihr ein, daß sie einen roten Morgenrock im Gepäck hatte, der gut passen würde. Er rettete die Situation. Na, wie wird dir, wenn du so was hörst?«

»Übel.«

In meinem Schränken hängt kein Morgenrock, der sich auch nur für das Tanzstundenfest der 8. Klasse eignete, übrigens nicht einmal für den Hausbesuch meines Arztes. Irgendwie sehe ich mich nicht bei einem Galadiner auf den Philippinen in zwei abgetretenen blauen Hausschuhen, einem Flanellmantel mit gespuckter Milch auf der Schulter (das Baby ist mittlerweile achtzehn), dem in Höhe des Bauches ein Knopf fehlt und in dessen ausgebeulten Taschen Papiertaschentücher stecken, die nach Nasensalbe riechen.

So habe ich denn neulich die Runde durch die Damenwäscheabteilung gemacht. Jetzt verstehe ich, wie Barbara Walters mit ihrem Morgenrock durchkommen konnte. Nie im Leben habe ich so herrliche Gewänder und Negligés gesehen.

»Ist das nicht einfach super?« fragte mich die Verkäuferin und hielt mir einen Seidenmantel hin.

»Ja, ja, ich fürchte nur, das ist nichts für mich. Ich halte mich an die Faustregel, nie etwas im Bett anzuziehen, unter dem man einen Hüftgürtel braucht.«

»Und wie wär's damit?« fragte sie und hielt ein Stück durchsichtiges Nylon hoch.

»Auch habe ich mir geschworen, nie etwas im Bett zu tragen, über das man einen Schlafrock anziehen muß.«

»An was hatten Sie denn gedacht?« fragte sie.

»An etwas mit Ärmeln und einem Rollkragen, das man unter den Füßen mit einem Reißverschluß zumacht.«

Sie hielt ein weiteres Negligé hoch. Ehrlich gesagt, es war einfach ein Schlager. »Das nehme ich«, sagte ich kokett.

Voriges Wochenende raffte ich allen Mut zusammen und beschloß, das Ding als Abendkleid anzuziehen. Es konnte ja sein, daß meine Freundin recht hatte. Als ich ins Zimmer trat, richteten sich tatsächlich alle Blicke auf mich. Auch mein Mann sah auf und sagte: »Los, beeil dich, zieh dich an. Wir fahren in zehn Minuten.«

Es hat noch andere Blindgänger gegeben, zu viele, um sie alle aufzuzählen. Wer könnte je das Röhrenkleid vergessen, entworfen für Frauen, die sich gern per Post verschicken lassen, oder den Orient-Look, der so lange Mode blieb, wie der Iran noch Öl lieferte, oder die Marotte, sich die Ohrläppchen durchstechen zu lassen. Ich wußte gleich, daß das nie dauern würde.

Meine Tocher war wild darauf, es sich machen zu lassen, und es gelang mir nicht, ihr das auszureden. Ich warnte sie: »Wenn die Operation so kindereinfach wäre, würden die Frauenzeitschriften längst einen Do-it-yourself-Apparat dafür propagieren.« Also gingen wir beide in die Schmuckabteilung eines großen Kaufhauses, wo man sich in einen Stuhl setzen und sich die Ohrläppchen durchbohren lassen konnte.

»Ich werde zuschauen«, sagte ich.

Als ich wieder zu mir kam, lag mein Kopf in BACKWAREN und meine Füße in SPORTARTIKEL.

»Ist es vorbei?« keuchte ich.

»Aber ja«, sagte meine Tochter. »Ging alles prima. Du bist in Ohnmacht gefallen, als du die Anästhesistin fragtest, welches Narkosemittel sie benutzt und dann war es bloß eine Kundin, die sich eine Perlenkette ansah. Schau mal meine Ohrringe!«

Sie warf ungefähr acht Pfund Haar in den Nacken und enthüllte ein goldenes Ringlein von der Größe eines Kommas in ihrem Ohrläppchen.

Dafür hätte ich mir nicht so gründlich die Hände zu waschen brauchen!

161

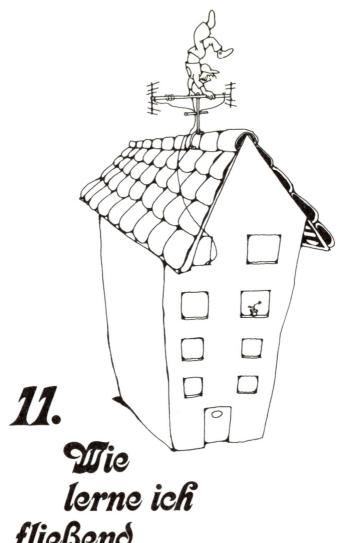

11. Wie lerne ich fließend kind-isch?

Als eines Abends alles Geschirr abgeräumt war, saß mein Sohn am Küchentisch und kritzelte fieberhaft in ein Ringbuch.
»Was machst du da?« fragte sich.
»Meinen Hausaufsatz«, sagte er. »Was mich meine Mutter alles lehrte.«
Ich schlug die Augen nieder und versuchte, bescheiden auszusehen.
»Darf ich ihn lesen, wenn du fertig bist?«
Er schüttelte den Kopf.
Eine Stunde später setzte ich mich hin und las, was er geschrieben hatte.

Was mich meine Mutter alles lehrte

Logik

Wenn du vom Rad fällst und dir das Genick brichst, kannst du nicht mit mir einkaufen fahren.

Medizinisches

Wenn du nicht aufhörst zu schielen, bleiben deine Augen stehen. Es gibt bis jetzt noch kein Medikament, keine Kur, keinen Fernsehkurs und kein wissenschaftliches Forschungsprogramm gegen erstarrte Augen.

Besonderes

Zieh dir sofort eine Wolljacke über. Meinst du, ich weiß nicht, wann *dir* kalt ist?

Unmögliche Befehle

Wo ist deine Schwester, sprich nicht mit vollem Mund, antworte mir gefälligst.

Freude

Du wirst dieses Jahr deine Ferien genießen, und wenn ich dir jeden Knochen einzeln brechen muß.

Humor

Wenn dir die Rasenmähmaschine sämtliche Zehen abschneidet, komm damit ja nicht zu mir gerannt.

Ich werde Kinder nie verstehen. Ich habe übrigens nie behauptet, es zu können. Überall treffe ich Mütter, die gute Vorsätze fassen: »Ich werde meinen Kindern gegenüber mehr Geduld an den Tag legen. Ich werde mein Äußerstes tun, um ihnen zu zeigen, daß ich mich für sie und ihr Tun interessiere. Ich will meine Kinder *verstehen!*« Das Ende vom Lied war noch immer, daß diese Frauen Stoffreste zu Flickenteppichen zerschneiden – mit stumpfen Scheren!

Ich bin fest davon überzeugt, daß Kinder unser Verständnis gar nicht wollen. Unser Vertrauen – ja, unser Mitgefühl, blinde Zuneigung und die Wagenschlüssel – ja. Aber wer sie verstehen will, kommt in des Teufels Küche.

Für mich werden sie auch weiterhin zu den Welträtseln gehören.

So habe ich zum Beispiel nie verstanden, wie ein Kind aufs Dach klettert, die Fernsehantenne erklimmen und die Katze retten, aber nicht den Korridor entlanggehen kann, ohne sich mit schmuddeligen Händen an beiden Wänden abzustützen.

Oder aber wie ein Kind schmutzigen Schnee fressen, den Hund auf die Schnauze küssen, einen im Aschenbecher gefundenen Kaugummi kauen, das erdverschmierte Ende des Gartenschlauchs in den Mund nehmen kann und sich weigert, aus einem Glas zu trinken, das sein Bruder benutzt hat.

Wieso kann ein Junge mit dem einen Fuß hinter der Startlinie balancieren und dabei den Baseball mit den Fingerspitzen vom Boden aufheben, nie aber ein Stück Seife, bevor es im Abfluß zerläuft?

Ich habe Kinder acht Stunden hintereinander radeln,

rennen, hopsen, Ball spielen, Zelte aufschlagen, schaukeln, Krieg spielen, schwimmen, um die Wette laufen sehen – aber der Gang zum Mülleimer ist ihnen zu weit.

Ich stehe vor einem Rätsel, wie ein Kind aus drei Kilometern Entfernung einen Schokoladen-Riegel erkennen kann, aber nicht sieht, daß es einen 4 mal 6 m großen Teppich faltig getrampelt und durch zwei Zimmer mit sich geschleppt hat.

Wissen *Sie* vielleicht, warum ein Kind zu Hause ein Wiener Würstchen mit Senf und Semmel ablehnt, nur um wenige Stunden später an einem Stand, wo sie 50 Cent das Stück kosten, sechs davon zu essen? Haben Sie sich schon einmal gefragt, wie es kommt, daß man unter der Spüle, im Bad, auf der Veranda, unterm Kaffeetisch, im Sandkasten, im Wagen, im Wäschekorb und vor der Waschmaschine über Kinderschuhe stolpert, aber nie auch nur einer zu finden ist, wenn der Rasen gemäht werden müßte?

Ließe sich die Aufzucht von Kinder in einem einzigen modernen Wort zusammenfassen, so lautete dieses eine Wort: FRUST. Denn sooft man meint, man liefe bereits auf der Zielgeraden, muß man feststellen, daß man immer noch beim Start ist. Nicht daß man für seine Leistungen wunder was erwartete – aber doch wenigstens ein dürftiges kleines Entgelt.

Nur ein Beispiel: die Geschichte mit dem Wagen neulich. Meine Älteste brachte vorige Woche ihr Vehikel zur Reparatur in die Werkstatt und benutzte in dieser Zeit mein Auto.

Drei Tage lang saß ich ohne meine vier Räder zu
Hause, und das ist etwa so, als ob man zu Zsa Zsa Ga-
bor sagt, sie bekäme nie wieder Hochzeitskuchen.
Als sie ihren Wagen wiederkriegte, brachte sie mir
meine Schlüssel zurück und sagte: »Mami, du schul-
dest mir drei Dollar für Benzin, das ich in deinen
Tank habe einfüllen lassen.«
Ich traute meinen Ohren nicht. Diese Worte äußerte
ein Kind, in das ich Vitamine im Wert von 887 Dollar
eingefüllt hatte. Dem ich insgesamt 154 Dollar für
ausgefallene Milchzähne unters Kopfkissen gelegt
hatte. Dem ich für 2000 Dollar Spielzeug gekauft
hatte (die Batterien nicht mitgerechnet). Dem ich
Schecks für 186 verschiedene Gesichtswässer ausgestellt hatte, damit es ein einziges Pickelchen los-
wurde. Das ich ins Ferienlager geschickt habe. Für
das ich den Ausgußsiphon auseinandergeschraubt
habe, um den verlorenen Freundschaftsring wieder-
zufinden. Um dessentwillen ich mich halbtot geäng-
stigt habe, als es über das Thema »Die Sexualität des
Menschen« einen Einser schrieb.
Plötzlich fiel mir ein Leserbrief ein, den mir ein
Teenager geschrieben hatte. Vielleicht würde der
meiner Tochter zu denken geben.
»Hör dir das mal an,« sagte ich und las ihr aus dem
Brief folgendes vor:

Liebe Mrs. Bombeck.
Eltern sagen ihr Leben lang zu ihren Kindern: da

167

habe ich mir nun die Hände für dich wundgearbeitet, jede Menge Opfer gebracht – und was habe ich davon?

Wollen Sie wirklich eine Antwort, liebe Mrs. Bombeck? Eltern haben davon unordentliche Zimmer, schmutzige Wäsche, struppige Haare, schwarze Fingernägel, geplünderte Eisschränke. Aber noch was kriegen sie: jemanden, der sie lieb hat, sich aber nie die Zeit nimmt, ihnen das mit Worten zu sagen. Jemanden, der sie bei jeder Gelegenheit verteidigt, auch wenn Mütterchen Stützstrümpfe trägt und gern Schnulzen hört, täglich die Wäsche wechselt und ihre Kinder in Gegenwart Dritter küßt.

Stimmt, die Eltern haben manchmal zu viel geredet, sich manchmal zu früh abgewandt. Aber dafür haben sie mit uns gelacht und geweint, und gerade ihr Schmerz über die Kontaktschwierigkeiten, Enttäuschungen, Ängste und Verärgerungen haben uns trotz unseres Dranges nach Freiheit, Unabhängigkeit und Eigenständigkeit deutlich gemacht, wie sehr sie an uns hängen.

Und wenn wir erst von daheim fort sind, wird es immer ein bißchen an unserem Herzen zerren, weil wir sie vermissen, sie und unser Zuhause und alles, wofür es stand. Was wir aber am allermeisten vermissen werden, wird die immer neue Bestätigung dafür sein, wie lieb sie uns gehabt haben.«

Meine Tochter blickte auf. Tränen waren in ihre Augen getreten. »Bedeutet das, daß ich die drei

Piepen nicht wiederkriege?« fragte sie aufschluchzend.

In gewisser Hinsicht mache ich die Fachleute verantwortlich für die Bredouille, in der wir Eltern heute stecken. Sie haben uns einen tonnenschweren Schuldkomplex aufgeladen, und wir bezweifeln die Richtigkeit all unserer Handlungen.

Bei einem Psychologen las ich den Aufruf: »Schlage nie dein Kind im Zorn.«

Ja, wann denn sonst? Wenn es mir gerade einen Geburtstagskuß gibt? Wenn es sich von den Masern erholt? Soll ich ihm etwa an Sonntagen mit einem Klaps die Bibel aus der Hand schlagen?

Ein anderer Fachmann mahnt: »Gehen Sie bei Bestrafung Ihrer Kinder mit größter Behutsamkeit vor, Sie könnten seinem *Id* bleibenden Schaden zufügen.«

Bleibenden Schaden? Ich wußte ja nicht einmal, was das *Id* ist und wo es bei ihnen sitzt. Wurde man davon später unfruchtbar, oder kriegte man nur Kopfschuppen? Einmal kam mir ein Verdacht, was es sein könnte, und ich zog dem Kind daraufhin vier Windeln übereinander an, um nur ja abgesichert zu sein.

Und die wundervolle Kameradschaftstheorie, die bei unseren Eltern so hoch im Kurs stand? Wollen wir die doch mal abklopfen. Eines Abends kam mein Sohn mit hängenden Schultern in die Küche geschlurrt, warf die Schulsachen aufs Büfett und sagte: »Das war ja wohl der widerlichste Tag meines Lebens – und alles wegen dir.«

»Wieso das denn?« wollte ich wissen.

»Weil du mich wieder auf ein Zimmer geschickt hast, damit ich alle Lichter ausknipse, ehe ich zur Schule gehe, habe ich den Schulbus verpaßt. Und weil du ewig an mir rumnörgelst, ich soll mein Zimmer aufräumen, konnte ich natürlich mein Turnzeug nicht finden und habe dafür 15 Strafpunkte gekriegt.«

»Deine Turnsachen liegen zusammengefaltet im untersten Schubfach.«

»Aha. Welcher Trottel soll sie denn ausgerechnet da finden?«

»Überleg mal.«

»Na, hoffentlich bist du jetzt glücklich«, murrte er.

»Außerdem hab ich noch Englisch verhauen.«

»Ist das auch meine Schuld?«

»Genau. Dabei hab' ich dir sogar extra gesagt, daß ich die Arbeit noch vormittags fertighaben muß, und trotzdem hast du mir gestern abend die Lampe ausgedreht und mich nicht mehr schreiben lassen.«

»Es war halb zwei Uhr früh.«

»Na ja, der Zug ist jedenfalls abgefahren. Zu Mittag gegessen habe ich deinetwegen auch nicht!«

»Und was habe ich damit zu tun?«

»Wer wollte mir denn keinen Vorschuß aufs Taschengeld von nächster Woche geben? Und noch was Nettes. Erinnerst du dich an die Lederjacke, die du mir voriges Jahr zum Geburtstag geschenkt hast. Die ist nämlich weg.«

»Und das ist meine Schuld?«

»Gut, daß du es gleich zugibst. Zu Hause höre ich ja immer nur: Häng deinen Mantel auf, häng deinen Schlafanzug auf, häng deinen Pullover auf, und wenn ich dann mal deinen Rat befolge und die Lederjacke an einen Haken in der Kantine hänge, nimmt sie sofort ein anderer mit. Wenn ich die Jacke neben meine Füße auf den Boden hätte fallen lassen, wie ich es sonst immer mache, hätte ich sie jetzt noch.«

»Heute war ja wohl wirklich ein Pechtag.«

»Ist noch nicht alles«, sagte er. »Hast du nicht vielleicht was vergessen?«

»Was könnte das wohl sein?« fragte ich.

»Solltest du mich nicht erinnern, daß wir heute nach der Schule Baseballtraining haben?«

»Ich habe dir doch einen Zettel auf den Schreibtisch gelegt!«

»Wie soll ich unter all dem Mist einen Zettel finden? Wenn ich jetzt aus der Mannschaft fliege, geschieht es dir ganz recht. O Mann, ich hab' mich mit ein paar Kumpels unterhalten, und alle haben gesagt, Eltern können ihre Kinder wirklich fertigmachen.«

Ich lächelte. »Wir tun unser Bestes.«

Wenn man das Problem der Elternschaft und des Verständnisses für die eigenen Kinder analysiert, scheint es unvermeidlich, daß in diesem Lande eines nicht allzu fernen Tages eine große Kindertauschzentrale gegründet werden wird.

171

Ich habe noch kein Kind kennengelernt, das sich nicht verleumdet, gequält und überfordert fühlt und dem es nicht viel besser ginge, wenn es Mrs. Jones zur Mutter hätte, die Unordnung *liebt* und öfters auswärts ißt. Andererseits habe ich noch nie Eltern getroffen, die sich nicht verfolgt, ausgenutzt und ungewürdigt fühlen und denen es nicht viel besser ginge, hätten sie Rodney Phipps zum Kinde, der nie mit vollem Mund spricht und seiner Mami zum Muttertag einen Haartrockner schenkt.

Ich schlage daher vor, daß auf einem großen Warenhausparkplatz – der ja an Samstagnachmittagen leer ist – Eltern und ihre Sprößlinge sich treffen, prüfen, vergleichen und eventuell tauschen können, wenn sie das Gefühl haben, sie könnten sich dabei verbessern. Als ich das in meinem Bridgeclub erwähnte, kamen die Damen vor Aufregung beinahe ins Zittern.

»Immer schon,« sagte Peg, »habe ich mich ›höhertauschen‹ wollen, bis zu einem Kind, das seine Handtücher selber aufhebt.«

»Das tut meine Tochter zwar«, meinte Dorothy, »aber dafür brilliert sie als Ausgußverstopferin. Wenn irgendwas nicht von selbst runtergeht, hebt sie das Beckensieb heraus und schiebt mit Gewalt nach.«

»Das fände ich nicht so schlimm«, tröstete Evelyn. »Mir wäre eine Ausgußverstopferin lieber als eine Duschsüchtige. Meine verbraucht dreimal täglich den Inhalt eines 150-Liter-Tanks.«

»Hinterher ist sie wenigstens sauber«, meinte June.

172

»Ich tausche einen langhaarigen Brummler, die Gattung ist sehr gefährdet. Eines Tages wird er hinter all dem Haar verlorengehen und nie mehr herausfinden.«

»Du, hör mal,« begann Peg zu feilschen, »ich mache dir ein Angebot, dem du schwerlich widerstehen wirst. Ich biete dir meinen Handtuchwerfer gegen einen Jungen, der nie gelernt hat, ein Telefon zu benutzen, und als Dreingabe bekommst du noch einen Vorrat an sauberen Unterhosen für drei Wochen.«

»Da weiß ich was noch Tolleres«, versuchte ich sie zu überbieten. »Ich tausche oder verkaufe einen ruhigen Jungen, der sich zu keiner Mahlzeit verspätet, der kommt, wenn man ihn ruft, bei Tisch gerade sitzt, soeben zwei Jahre Zahnregulierung hinter sich hat, leicht zu lenken ist und seine Stereo-Anlage nie auf Brüllstärke einstellt. Auch lächerlich niedrige Angebote können mich nicht schrecken.«

Die ganze Bridgerunde legte die Karten auf den Tisch und neigte sich begierig vornüber. Schließlich fragte June dann doch: »Und was hat er für 'ne Macke?«

»Keine. Aber er hat einen Wortschatz von nur drei Wörtchen: »Weißt du, wo . . .?«

Später gingen alle heim und behielten, was sie hatten, aber nun war ihnen wohler dabei.

Und wann endet die Elternschaft?

Das kommt darauf an, als was Sie Ihre Kinder sehen. Als Haushaltsgeräte, die man abstößt, wenn die Garantiezeit abgelaufen ist und sie anfangen Geld zu kosten? Als Versicherung für den Erlebensfall: Man zahlt achtzehn oder zwanzig Jahre lang ein und hofft auf die Rendite im vorgerückten Alter?

Oder als vergoldeten Spiegel, der seinen Besitzer in allen Einzelheiten widerspiegelt? Und wenn Sie eines Tages einen blinden Fleck darin bemerken, eine Verzerrung oder ein Ideechen, das sich nicht mit Ihrer großen Idee deckt, werfen Sie ihn hinaus und halten sich für einen Versager?

Neulich abends sagte ich zu meinem Mann: »Ich sehe unsere Kinder als Papierdrachen. Man verbringt sein Leben damit, sie vom Boden hochzukriegen. Man rennt mit ihnen, bis beide Eltern außer Atem sind, sie fallen runter – man gibt ihnen mehr Leine ... sie streifen das Dach ... man klaubt sie aus der Regenrinne ... man flickt und tröstet, lehrt und schlichtet. Man sieht, wie der Wind sie anhebt, und versichert ihnen, daß sie eines Tages fliegen können. Schließlich sind sie in der Luft, aber sie brauchen noch mehr Schnur, und bei jeder Knäuelwindung, die man abwickelt, dringt ein wenig Trauer in die Freude, denn der Drachen entfernt sich weiter und weiter, und irgendwie weiß man, daß es nicht mehr lange dauert, bis diese schönen Geschöpfe die Nabelschnur durchtrennen, die sie und uns verbindet. Hoch oben werden sie schweben, wie sie schweben sollen: frei und allein.«

»Das hast du schön gesagt«, lobte mein Mann. »Ist es zu Ende?«

»Ich glaube ja. Warum?«

»Weil einer deiner Drachen gerade mit dem Wagen gegen das Garagentor gebrummt ist, ein zweiter läuft soeben ein, mit drei Surfboards und den dazugehörigen Freunden. Der dritte schreibt, daß er mittellos in seinem College festhängt und dringend mehr Schnur benötigt, um zu den Feiertagen heimkommen zu können.«

12.
Reisen erweitert nicht nur den Horizont, sondern auch die Taille

Mein Mann und ich gehören nicht
zum Jet-set, der alljährlich nach Süd-
frankreich fliegt, um »von den kleinen Leuten weg-
zukommen«.
Aber als unsere Silberhochzeit näher rückte, sagte
ich zu ihm: »Weißt du, ich würde gern mal irgend-
wohin fahren, wo man meine beiden Kleider noch
nicht kennt.«
»Da werden wir uns also auf Europa beschränken
müssen«, antwortete mein Mann.
Wir hatten gerade unseren guten Tag, all unsere Kör-
perteile funktionierten, wie sie sollten, und voller
Optimismus buchten wir eine Inklusiv-Tour, die uns
in fünfzehn Tagen durch einundzwanzig Länder führen sollte. Da lag es nahe, daß ich nicht nur eine sehr
vielseitige Garderobe brauchen würde, sondern auch
eine, die sich in einem Turnschuhbeutel unterbrin-
gen ließ.
Bei meiner Suche stieß ich auf die unvergleichliche,
wundervolle, pflegeleichte, farblich abgestimmte
Basisgarderobe.

177

»Das hier ist unsere Wochenend-Ausrüstung«, erläuterte die Verkäuferin. »Sie besteht aus vier passenden Kleidungsstücken, die sich so kombinieren lassen, daß Sie vom saloppsten Vormittagskleid bis zum elegantesten Abendkleid immer optimal angezogen sind. Und das hier ist unsere »Vierzehntage-Ausrüstung«, eine elfteilige, meisterlich koordinierte Kollektion für sämtliche Bedürfnisse auf einer dreiwöchigen Urlaubsreise. Und hier, zeige ich Ihnen unsere fantastische Kollektion ›In 80 Tagen um die Welt‹. Sie wiegt 44 Pfund und besteht aus 22 Einzelteilen, aus denen sich 155 Ensembles kombinieren lassen.«

»Das winzige Häufchen Kleider soll 44 Pfund wiegen?« fragte ich.

»Nein, natürlich nicht, die Kleider wiegen nur 8 Pfund. 36 Pfund wiegt die Jumbo-Dose Deodorant, die es gratis dazu gibt.«

»Was kann man damit?«

»Einfach auf den Sprühknopf drücken . . .«

»Nein, ich meine nicht die Deodorantdose, ich meine die Garderobe.«

»Auch ganz einfach: Das hier ist das Basiskleidungsstück, ein kleiner Hosenanzug. Wenn Sie die Bluse aus- und das Westchen überziehen, sind Sie richtig angezogen fürs Polospielen. Wenn Sie die Hosen mit Shorts vertauschen, können Sie eine Radtour machen. Befestigen Sie diese Höschen mit Reißverschluß unter den Shorts und ziehen Sie das Oberteil dazu an, haben Sie einen Badeanzug. Knöpfen Sie die Träger ab, und Sie haben einen trägerlosen Badeanzug. Wenn Sie einen kurzen Rock dazu anlegen, können Sie Tennis spielen. Jetzt wenden Sie Ihr Blouson von innen nach außen und es dient als kurzer Bademantel. Stülpen Sie die Hosenaufschläge herunter und ziehen Sie dazu die Bluse mit Gürtel an, so haben Sie einen Pyjama.«

»Vielseitig scheint mir die Garderobe allerdings zu sein«, stammelte ich überwältigt.

»Vielseitig ist gar kein Ausdruck! Sehen Sie sich mal die Accessoires an! In diesem Stretch-Top können Sie sich braun brennen lassen. Ziehen Sie ihn aber über die Hüften herunter, haben Sie einen Strumpfhalter. Wenn Sie in den Abendrock steigen und sich diesen Schleier um Kopf und Schultern drapieren, sind Sie im Hochzeitskleid. Mit einem Monogramm auf dieser Jacke fliegen Sie als Mitglied der US-Schachmannschaft zu den Olympischen Spielen. Der lange Rock ist mit Plastik gefüttert. Zur Not läßt er sich in ein Zelt verwandeln, in dem man acht Tage kampieren kann. Lösen Sie die Ärmel aus dem Blouson, und Sie haben einen Kaftan. Nehmen Sie diesen Schal hier ab, rollen die Blousonärmel herunter, ziehen den Blouson verkehrt herum an und darunter Ihre Wäsche aus, schon haben Sie einen Krankenhauskittel. Sie können mir glauben, es gibt genügend Kombinationsmöglichkeiten, um sich 80 Tage lang ausschließlich aufs Anziehen zu konzentrieren.« So war ich denn bereit für unser großes Abenteuer. Wenn Menschen über Inklusiv-Touren sprechen, zeigen sie sich stets beeindruckt, wie billig diese sind. Obwohl so vieles geboten wird, kalkulieren sie sich viel billiger als die Reisen daheim in den USA. Als wir eines Morgens dies Phänomen gemeinsam analysierten, kamen wir beide zum gleichen Schluß: ein Hauptgrund wird das kontinentale Frühstück sein.

Das kontinentale Frühstück besteht aus einer Papierserviette, einem Messer, einer Gabel und einem Löffel, für den niemand Verwendung hat, einer Tasse nebst Untertasse, einem Kännchen Kaffee oder Tee und einer Marmeladedose, auf der steht: Garantiert haltbar bis Juli 1936. Und dann kommt noch eine gewisse ethnologische Besonderheit hinzu, die im Innern aller Reisenden Rebellion hervorruft: die Steinsemmel.

Das kontinentale Frühstück – man sollte, wie bei gewissen Medikamenten dranschreiben: FÜR KINDER UNGEEIGNET – hat eine schleichende, aber unverwechselbare Wirkung auf alle Menschen, die es mehr als zehn Tage hintereinander zu sich nehmen.

Die ersten paar Tage behaupten die Empfänger der Steinsemmel, genau so etwas hätten sie sich gewünscht. Es ist die »Hungern macht Freude«-Nummer. Frauen kneifen sich ins Fleisch um die Taille und äußern: »Ich habe auf dieser Reise zu viel gesündigt. Ein leichtes Frühstück ist genau das, was ich brauche!«

180

In Wahrheit ist die Steinsemmel keineswegs das richtige Mittel, um abzunehmen. Sie wird zwar in kleinen Stücken gegessen, backt sich aber im Körper wieder zu ihrer ursprünglichen Form, einem harten Knuddel, zusammen und bildet alsbald einen festen Wall um Taille und Hüften. Und noch etwas: nach etwa elftägigem Genuß von Steinsemmeln wird man bösartig.

Wir aßen unsere erste Steinsemmel in Italien am 1. Juli. Am 15. Juli war die Reisegruppe schon ziemlich gereizt und sprach nicht mehr miteinander. Am 17. – wir waren gerade in Belgien – packte mein Mann in einem Wutanfall die Steinsemmel, schnitzte sein Monogramm hinein (WLB 1977) und schickte sie zurück in die Küche.

Am 19. Tag veranlaßte die Aussicht auf die Frühstückssemmel bereits einige Reiseteilnehmer, mit zur Wand gekehrtem Gesicht im Bett zu bleiben. Andere benutzten die Steinsemmel dazu, Kofferschlösser aufzubrechen, Türen festzuklemmen oder hartnäckige Flecken aus dem Hemdkragen zu reiben.

Ich schien das Steinsemmeltrauma gut zu überstehen, hatte aber dafür gegen die Rache Montezumas II. zu kämpfen. (Nur wenigen Menschen ist bekannt, daß es zwei Montezumas gegeben hat. Montezuma I. lieh seinen Namen jener Beschleunigung, die man in Deutschland als ›schnelle Katharina‹, und in den USA als ›Unreifer Apfel-Twist‹ bezeichnet. Montezuma II. wiederum ist allgemein als Schutzheiliger der Andenkenläden bekannt. Beide Montezumas sind Ausländern nicht freundlich gesonnen.)

Da ich unter der Rache Montezumas II. litt, war ich keine fünf Minuten im neuen Land, da verkrampften sich mir meist schon die Eingeweide, die rechte Hand umklammerte das Scheckheft, ich beschleunigte meine Schritte und stürzte mit dem Ruf »Wieviel kost, wieviel kost?« auf die Straße.

Manchmal verließ ich mein Zimmer schon in aller Herrgottsfrühe, irrte durch die Hotelhalle und murmelte vor mich hin: »Ich wittere Andenkenläden in der Nähe. Das läßt mich nicht schlafen.«

Ich war wie besessen. Ich kaufte ein Kopftuch, das mir bei Regen das Gesicht pflaumenblau färbte. Ich kaufte einen holzgeschnitzten Klopapierhalter, bei dem der einzige Zahn eines buckligen Mannes die Rolle hielt. Ich kaufte Ohrringe, Fähnchen, Bongo-Trommeln, Schönheitspflästerchen und einen Brieföffner aus Rentiergeweih für Linkshänder. Nach einer Weile konnte ich in einem Reisebus nicht länger als eine Stunde ruhig sitzen, da beugte ich mich schon zum Chauffeur vor und flüsterte: »Stoppen Sie nicht bald bei einem Andenkenladen?«

»Ist es wirklich unbedingt nötig?« wandte er ein.

»Wollen Sie riskieren, ob es nötig ist oder nicht?« Ich kaufte Streichholzschachteln, T-shirts, Briefbeschwerer, Wimpel, Schiffe in Flaschen, gläserne Entchen, Korkenzieher und Felsbrocken, auf denen das Vaterunser stand.

Ich kaufte mir einen Elch als Anhänger für mein Armband, eine Cocktailschürze, drei Käsehobel mit pelzüberzogenem Griff, eine spanische Diwanpuppe für mein Bett, ein Küken, das aus einem Speckstein-Ei kroch, Aschenbecher, gläserne Untersätze, auf Leinen gedruckte Kalender, bei denen ich die Monate nicht übersetzen konnte, und ein Kochbuch »Das Wildschwein und seine Zubereitung«.

Als wir am 21. Tag das Flugzeug besteigen wollten, kamen wir nur noch mit Ach und Krach an Bord. Ich trug einen Esel aus Pappmaché in der Hand, dessen Tragschlaufe mir fast den Ringfinger amputierte. Ich stopfte eine Einkaufstasche voller Souvenirs unter den Sitz des Vordermannes.

»Du sollst vor dem Start dein Imbißtablett hochklappen«, mahnte mein Mann.

»Das ist kein Imbißtablett, das ist mein Bauch.«

Später kam die Stewardeß mit dem Lunch. Mein Mann nahm die Steinsemmel zur Hand und tastete sie mit den Fingerspitzen ab.

Auf der einen Seite war eingeschnitzt »WLB 1977«.

Wir waren uns einig, daß das nur ein Zufall sein konnte.

13.
Was gibt's dabei zu lachen?

Viele Leute halten mich für eine humoristische Schriftstellerin. Dabei beobachte ich bloß unser Leben und stelle es in Frage, das ist alles. Komisch finde ich es sehr, sehr selten. Warum – um ein typisches Beispiel zu nennen – enthalten Füllfederhalter so selten Tinte, außer wenn sie aus Versehen in die Waschmaschine geraten und die Wäsche einer ganzen Woche blau färben können? Warum wird Silicon auf Plättbrettbezüge verschwendet? Woher weiß der Besitzer eines bissigen Hundes, wenn sein Hund die Zähne bleckt, daß das Tier »lächelt«? Warum liegt bei mir im Nähkorb ein Fieberthermometer? Wie komme ich darauf, daß die beiden Tauben, die dort im Baum turteln, verheiratet sind? Vielleicht haben sie nur ein Verhältnis miteinander?

Wieso fällt mir im Sprechzimmer eines Arztes immer als erstes auf, ob seine Topfpflanzen gedeihen? Zugegeben, die Reizschwelle zum Lachen ist bei mir sehr niedrig, aber sollten Sie in den folgenden Ab-

schnitten tatsächlich etwas komisch finden, mache
ich gern ein Buch daraus!

Mikrophone

Was gibt es noch auf der Welt, das so eigensinnig, so
bockbeinig sein kann wie ein Mikrophon?
Stellen Sie sich einen Augenblick lang vor, wir lebten
im Jahre 1775. Bei der historischen Provinzialver-
sammlung in Virginia erhebt sich der Staatsmann
Patrick Henry zu seinem leidenschaftlichen Appell
»Freiheit oder Tod!« Er tritt ans Mikrophon und
fragt, während alle Anwesenden atemlos vor Span-
nung auf seine ersten Worte warten: »Können mich
die Herrschaften in den hintersten Reihen auch hören?«
Dieser Beginn hat schon unzählige Ansprachen ein-
geleitet. In den zehn Jahren, die ich auf Leserreisen
gehe, habe ich Mikrophone jeder Spielart erlebt.
Manche stießen nur gelegentlich Quieker aus, manche gingen kreischend zum Angriff über.
Zunächst einmal haben Mikrophone es nicht gern,
von irgend jemand – wer es auch sei – angefaßt zu
werden. Weil ich klein geraten bin, versuchte ich vorige Woche, eines dieser Dinger auf mich zuzubiegen.
Verstehen Sie mich recht, ich habe nur ein kleines
bißchen daran gedreht, und schon baumelte es
schlapp herunter wie eine Zweidollardauerwelle in

186

der Sauna. Ich mußte meinen ganzen Vortrag in Hockstellung halten.

Manche Mikrophone funktionieren nur, solange man hineinbläst. Da steht man dann wie ein Trottel, pustet und sagt: »Geht's? Hören Sie mich?« Jeder bestätigt gern, daß er einen pusten hört. Erst wenn man anfängt zu sprechen oder zu lesen, gibt es den Geist auf.

Wieder andere Mikrophone haben einen perversen Sinn für Humor. Sie sind richtige Pointenkiller. Einigermaßen reibungslos rutscht man durch eine 3-Minuten-Geschichte, die sich immer mehr steigert. Und holt man zum Höhepunkt aus und fragt: »Und WARUM, glauben Sie, trank der Hund seinen Daiquiri nicht?«, dann schaltet sich das Mikrophon aus. Man steht da und murmelt dämlich vor sich hin: »Nun, Sie hätten eben dabeisein müssen.«

Mancher Vortragskünstler verbringt sein halbes Leben damit, beim Mikrophon nach dem Schalter EIN-AUS zu suchen. Es gibt keinen. Ich habe unter der Lampe danach geforscht, unter der Schublade, seitwärts, am Gelenk und sogar hinter dem Podium. Mir kommt allmählich der Verdacht, daß die meisten Mikrophone von einer entfernten Kontrollstelle aus bedient werden, zum Beispiel aus einem 1936er Lieferwagen in einer Garage auf der anderen Straßenseite.

Man hatte mich gewarnt: Mikrophone seien überempfindlich, und man müsse von ganz nah und mitten hinein sprechen, um gehört zu werden. So wird man meistens von Leuten hereingelegt, die die privatesten Unterhaltungen, etwa übers Essen, *mit* aufnehmen. Klar und deutlich ist zu hören: »Himmel, wollen Sie etwa sagen, daß die Verwaltung Ihnen für diesen Fraß 10 Dollar berechnet? Ja, haben die denn nie was von der Genfer Konvention gehört?«

Einige Sprecher, gewandtere als ich, haben es gewagt, sich über Mikrophone lustig zu machen. Kürzlich hat in unserer Stadt ein großer Literaturkritiker gesprochen und den Abend mit dem traditionellen: »Können mich die Herrschaften in den hintersten Reihen auch hören?« begonnen.

Als einer brüllte: »Nein!« sagte er: Woher wissen Sie dann, was ich gefragt habe?«

Das Mikrophon mußte daraufhin in psychatrische Behandlung.

Wer spricht von »siegen«

Ist Ihnen schon aufgefallen, daß in den Sportberichten keine Mannschaft mehr *siegt*? Alle triumphieren über den Gegner, zerschmettern ihn, zerbomben, verprügeln ihn, ringen ihn zu Boden, schicken ihn heim, verweisen ihn auf seinen Platz, überfahren ihn, hämmern auf ihn ein, schlachten ihn und radieren ihn aus. Siegen ist out.

Als wir neulich die Sportsendung mit drei Sturmangriffen, vier Überfällen, einer gnadenlosen Härte und viel Feuer im Strafraum überstanden hatten, sagte ich zu meinem Mann:

»Ich glaube, die Reporter kriegen allabendlich den Inhalt eines Spezialwörterbuchs intravenös eingespritzt, damit sie immer die einschlägigen Ausdrücke parat haben.«

»Das muß so sein«, sagte er. »Das ewige ›siegte‹ und ›gewann‹ war ja schon öde.«

»Aber so wie die redet doch kein Mensch,« sagte ich.

»Schau dir doch die Schlagzeile vom Sportteil an: »Unverdient hoch mußte unsere Elf ins Gras beißen!«

»Na und?« sagte er. »In euren sogenannten Gesellschaftsberichten steht doch auch nie, Fräulein soundso hat geheiratet.«

»Sondern?«

»Ich überfliege dieses Zeug manchmal«, bekannte er, »und entdeckte: Sie ›tritt an den Altar‹, ›tauscht die Ringe‹, ›ihre Verbindung wird kirchlich eingesegnet‹ und so weiter. Nur einfach heiraten tut niemand.«

»Das ist was anderes.«

»Wieso ist das was anderes? Es geht doch darum, so klar wie möglich auszudrücken, was passiert. Als wir uns verlobten, hast du ja auch nicht deine beste Freundin angerufen und gesagt: ›Mensch, Dottie, halt dich fest, ich habe Gustav meinen Treuschwur verpfändet!‹«

»Das mit dem Treuschwurverpfänden finde ich richtig poetisch. Bestimmt besser, als daß die eine Elf die andere ›vom Feld fegt‹ oder ›zu Boden zwingt‹«

»Weißt du was?« grinste er. »Es wäre eigentlich lustig, wenn die Kerle im Gesellschaftsteil ebensoviel Sprachphantasie hätten wie die Sportreporter. Stell dir vor, es hieße: »Betty Schmidlapp, beidseits flankiert von vier weit abgeschlagenen Brautjungfern, kreuzte am Sonnabend ganz groß auf, verwies alle Gegnerinnen in ihre Schranken und belegte im Kampf um den besten Bräutigam den ersten Platz.«

»Diese Diskussion ist albern, und ich habe keine Lust, sie fortzusetzen«, sagte ich. »Du brauchst nur zu sagen: du hast gewonnen, und wir vergessen das Ganze.« Er saß da und dachte nach.

»Siehst du,« sagte ich, »du hast die Wörter *gewonnen* und *gesiegt* so lang nicht mehr gehört, daß du sie gar nicht mehr richtig verstehst.«

»Moment!« sagte er, »im Fachjargon würde das etwa heißen: Du konntest deinen Kontrahenten davon überzeugen, daß er in seinem allereigensten Interesse zurückstecken mußte.«

Briefe auf Vordermann bringen

Kürzlich fand ich einen Brief an meine Schwester, den ich vergessen hatte in den Briefkasten zu stekken. Ich brauchte ihn nur ein bißchen zu aktualisieren. Nach den Worten »Der Kleine ist jetzt...« strich ich das Wort *sauber* und schrieb darüber *mit der Oberschule fertig.*

In der Nachschrift, die ich seinerzeit angefügt hatte: »Heute habe ich bei mir das erste graue Haar entdeckt,« strich ich die Worte »erste graue« und ersetzte sie durch *letzte schwarze.*

Der Rest des Briefes war noch immer aktuell. »Ich halte Diät, weil mir meine Haut zu eng geworden ist. Die Kinder sind fürchterlich, manchmal glaube ich, das Ganze ist ein Alptraum. Nächste Woche will ich das Badezimmer frisch streichen und an die übrige Familie schreiben.«

Das Schlimme bei mir ist, ich schreibe nur dann gern Briefe, wenn es Aufregendes zu berichten gibt. Vor Briefschreibern, die einen auch mit Alltagsthemen vom Sitz reißen, fürchte ich mich geradezu.

Ich habe eine Menge Freunde, die mir nur einmal im Jahr schreiben: von Bord eines Vergnügungsdampfers. Sie wissen genau, daß ich vor Neid erblasse, wenn ich süße Grüße lese wie: »Wir denken an Dich auf unserer kleinen Spritztour von Insel zu Insel«. Meistens endet die Karte: »Muß rasch Schluß machen. Ein Mann, der aussieht wie Gregory Peck, verfolgt mich durchs ganze Schiff.«

Auch jene Brief-Freunde kann ich dringend entbehren, die so irrsinnig gescheite, irrsinnig erfolgreiche Kinder ihr eigen nennen. Ihre Briefe strotzen von

Neuigkeiten über Robbie, der eben ein Stipendium für Harvard bekommen hat (er ist so genial begabt, daß er nur dazusitzen und zu atmen braucht). Ferner gibt es da die neunjährige Rachel, eine olympiareife Florettfechterin, die sich ihre gesamte Garderobe selbst näht, eben ihre erste Geschichte an Readers Digest verkauft hat und in den kommenden Sommerferien die Bibel vom einen bis zum anderen Ende lesen will (im Urtext). Nicht zu vergessen den kleinen Kenneth, der nachts aufsteht, um selber seine Windeln zu wechseln.

Die Briefschreiber aber, die mir am allermeisten gegen den Strich gehen, sind die, bei denen das Büttenpapier hundertprozentig zum Kuvert paßt. Wenn man das nötige Zubehör hat, fällt das Briefschreiben selbstverständlich leicht. Ich aber muß wie eine Löwin kämpfen, ehe ich ein sauberes Stück Papier, einen gespitzten Bleistift und eine Briefmarke beieinander habe.

Heute fand ich im Briefkasten einen Brief meiner Schwester. Sie schreibt: »Ich bin froh, daß der Krieg endlich vorbei ist.« *Der Krieg* war durchgestrichen und *Weihnachten* darübergeschrieben. Dann kam, daß sie an ihrem Kleinwagen eine Riesenfreude hätte. *Kleinwagen* war durchgestrichen und *Kombi* drübergeschrieben.

Man merkt, daß meine Schwester und ich nah verwandt sind. Wir leiden am gleichen Erb-Übel: rezessivem Schreibkrampf.

Mütterchen umbringen

Über meinen Sohn kann ich nur immer wieder staunen. Im Alter von 21 Jahren hat er eine neue Art gefunden, sich den Hals zu brechen. Es handelt sich um Skateboardfahren.

Ehrlich gesagt, ich bin allmählich müde. Mein Leben lang habe ich mich der Aufgabe gewidmet, dieses Kind heil und gesund zu erhalten. Jetzt bin ich ein Nervenbündel und das in einem Alter, in dem ich Schokoladenkeks knabbern und beim ersten Mittagsdämmern aufstehen sollte.

Mit dem normalen Zweirad hat es angefangen. Als ich neben meinem Sohn herrannte, die eine Hand am Sattel, die andere in seine Strickjacke gekrallt, schrie ich: »Mit diesem Ding wirst du mich noch umbringen!« Und tatsächlich, mein Schlafrock verfing sich in den Speichen, und ich hätte beinahe selber Rad geschlagen.

Stelzen waren noch ärger. Als er durchs Haus hopste, mit dem Kopf immer nur Zentimeter unterhalb der Decke, wollte ich ihn davor bewahren, in die Hängelampe zu rennen. Er verlor das Gleichgewicht, fiel auf mich, und ich lag eingeklemmt zwischen dem Fußboden und seinem Körper, und alles tat mir sehr weh.

Als er sich dann ein Pferd wünschte, versuchte ich ihn zu warnen: dem sei ich nicht gewachsen. Meinen Sie, er hätte überhaupt zugehört? Nicht einen Augenblick. Und als ich das Vieh am Zügel im Kreise herumführte, wurde ich für meine Umsicht dadurch belohnt, daß mir das fünfzehnhundertpfündige Roß auf den Fuß trat.

In dem Sommer, in dem mein Sohn fünfzehn wurde, sagte ich ihm klipp und klar: »Mit Fußballspielen wird es nichts!«

Was hat das denn mit dir zu tun?« wunderte sich dieser vorwitzige Rüpel auch noch keck.

»Was das mit mir zu tun hat? Na, hör mal! Ich bin deine Mutter. Wenn du deine Mutter umzubringen gedenkst, kann ich dich selbstverständlich nicht daran hindern, aber ich schwöre dir – denk an meine Worte! –, daß du dich dann an jedem Muttertag gräßlich fühlen wirst«, ereiferte ich mich voll mütterlicher Sorge. (Noch heute habe ich ein Schnackelknie. Ich habe es mir geholt, als ich ihm einen Mundschutz aufs Spielfeld bringen wollte, um seine Zahnspange zu schützen; sie hatte 1500 Dollar gekostet).

Das hörte einfach nie auf. Nur damit ich Magenkrämpfe kriegte, sprang er vom obersten Sprungbrett ins Schwimmbassin, und als ich mich davon einigermaßen erholt hatte, kam er mit einer vorläufigen Fahrerlaubnis für Führerscheinanwärter nach Hause.

Ich glaubte, all das läge nun hinter mir. Bis neulich abends, als er mit einem kleinen Brett auf vier Rädern unterm Arm fröhlich vor sich hinpfeifend das Haus verließ.

194

»Wohin willst du damit?« fragte ich.

»Ich such' mir einen leeren Swimming-pool, einen Hügel oder einen ausbetonierten Graben. Und dann balanciere ich mich auf dem Brettchen so hoch die Seiten hinauf, bis ich runterfalle«, erläuterte er munter seine selbstmörderische Absicht.

Ich kletterte hinter ihm auf das Skateboard, umklammerte ihn mit beiden Armen und schloß die Augen.

»Hast du denn deine Mami nicht lieb?« jammerte ich.

14.
Vor lauter Lachen muß ich weinen

Ein Interviewer hat mal gefragt, wie eigentlich die Familie Bombeck »wirklich« sei? Auch so humorvoll wie in den Büchern?

Humorvoll? Nun, meine Familie hat zum letzten Mal gelacht, als der Backofen in Brand geriet und wir eine Woche lang auswärts essen mußten.

Die Krampfadern im Hals habe ich ja auch nicht vom Flüstern. Wir brüllen uns gegenseitig an. Wir sagen uns abscheuliche Dinge. Wir heulen, knallen Türen, vermurksen dies und das, begehen Fehler, erleiden Enttäuschungen, Tragödien, Krankheiten und Verletzungen. Als ich meine Familie das letzte Mal kontrollierte, waren sämtliche Mitglieder Musterexemplare des normalen, vertrottelten Durchschnittsbürgers.

Wann wurde ich die Mutter und meine Mutter das Kind?

Ein Atomphysiker hat es einmal ausgerechnet: Wenn eine Zwanzigjährige ein Baby bekommt, ist sie zwanzigmal so alt wie das Baby. Wenn das Baby zwanzig Jahre alt und die Mutter vierzig ist, ist sie nur doppelt so alt wie ihr Kind. Wenn das Baby sechzig ist und die Mutter achtzig, ist sie nur noch $1^1/_3$mal so alt wie ihr Sprößling. Wann wird das Baby die Mutter eingeholt haben? Ja, wann?

Beginnt es in der Nacht, in der deine Mutter sich schlaflos im Bett wälzt und du in ihr Zimmer gehst und ihr die Bettdecke über die bloßen Arme hinaufziehst? Oder an dem Nachmittag, an dem du nervös und reizbar bist und in scharfem Ton sagst: »Wie soll ich dir denn eine Heimdauerwelle machen, wenn du nicht stillhältst? Vielleicht ist es *dir* egal, wie du aussiehst – *mir* nicht!«

(Bei Gott, hast du da nicht eben ein Echo gehört?)

Oder war es an dem Regentag, an dem du vom Supermarkt heimfuhrst und scharf bremsen mußtest und dabei unwillkürlich den Arm schützend zwischen die Mutter und die Windschutzscheibe strecktest? Haben deine und ihre Blicke sich wehmütig und wissend gekreuzt?

Die Wandlung vollzieht sich langsam, wie zwischen jeder Mutter und ihrer Tochter. Die Macht wechselt.

Die Verantwortung wird übertragen. Die Pflichten werden abgetreten. Man überrascht sich plötzlich dabei, daß man die auf dem Schoß der Mutter erlernten Sätzchen und Sprüche von sich gibt.

»Natürlich fehlt dir was! Meinst du, ich merke nicht, wann dir schlecht ist? Ich komm' dich um elf Uhr abholen und fahr' dich zum Arzt. Sei bitte dann fertig.«

»Und wo ist wieder deine Strickjacke? Du weißt doch, wie kalt es in den Geschäften mit Klimaanlage ist. Eine Erkältung wäre jetzt genau das Richtige für dich!«

»Du siehst aber nett aus heute. Hab' ich dir nicht gesagt, daß es dir prima stehen wird? Das andere Kleid macht dich alt. Wozu denn älter aussehen, als man ist?«

»Mußt du noch mal ins Bad, ehe wir gehen? Du weißt ja, was das beim Doktor immer für ein Aufstand ist, man muß den Schlüssel verlangen und kilometerlange Korridore entlanglaufen. Geh' doch einfach bloß so zur Sicherheit, damit du's hinter dir hast.«

»Wenn du nicht zu müde bist, gehen wir nachher einkaufen. Hast du heute vormittag ausschlafen können? Sag mir's gleich, wenn du müde wirst, dann fahr' ich dich heim.«

Plötzlich Auflehnung: »Danke schön, mein Fräulein, aber ich treffe meine Entscheidungen schon noch selbst. Ich weiß, wann ich müde bin, und dann bin ich vernünftig genug, ins Bett zu gehen. Hör auf, mich als kleines Kind zu behandeln.«

Sie ist noch nicht bereit, den Platz zu räumen.

Aber langsam, heimtückisch und unaufhaltsam entrinnt die Zeit, und plötzlich ist niemand mehr da, an den sich Mutter halten kann.

»Wo ist wieder meine Brille? Nie kann ich sie finden. Bin ich im Kino wieder mal eingeschlafen? Worum ging's denn bei dem Film?«

»Wähl doch bitte mal diese Nummer für mich. Du weißt ja, ich krieg' immer die verkehrte.«

»Dieses Jahr stelle ich mir keinen Christbaum auf. Es sieht ihn ja doch keiner, und er verdreckt nur für die nächsten Monate den Teppich.«

»Schau mal meine neue Knüpfarbeit. Ich mach' sie dir, wenn du willst, in Blau für die Küche.« (Dabei fällt einem der Gipsabdruck des Händchens ein, der gerahmt über dem Sofa hängt).

»Wo ist schon wieder meine Flugnummer und die Abflugzeiten meiner Maschine? Du tippst sie immer und steckst sie in das Mäppchen mit dem Flugticket, aber ich kann so kleine Zahlen nicht mehr lesen.«

Und wieder Auflehnung: »Wirklich, Mutter, so alt bist du noch nicht. Du kannst deine Angelegenheiten noch selbst erledigen. Du siehst doch bestimmt noch genug, um dir die Nadel einzufädeln.«

»Nein, so müde kannst du unmöglich sein, daß du nicht imstande wärst, eben mal Florence ›guten Tag‹ zu sagen. Fünfzehnmal hat sie schon angeklingelt und nie hast du zurückgerufen! Warum gehst du nicht mal mit ihr essen? Es täte dir so gut, aus deinen vier Wänden herauszukommen.«

»Wieso hast du dein Konto überzogen? Ja, notierst du denn deine Schecks nicht, wenn du sie ausstellst?« Noch ist die Tochter nicht bereit, die Last auf sich zu nehmen. Aber der neue Kurs liegt bereits fest.

Das erste Mal, daß Weihnachten in deinem Haus gefeiert wird und du die Gans brätst und die Mutter den Tisch deckt.

Das erste Mal, daß du dich unbewußt während eines Fernsehfilms oder im Kino zu ihr umdrehst und sagst:

»Pschscht!«

Das erste Mal, daß du herbeistürzt und sie am Arm packst, wenn sie über eine gefrorene Pfütze geht.

Während deine eigenen Kinder groß, stark und selbständig werden, wird deine Mutter immer kindischer.

»Nein, Mutter, ich hab' das Fernsehprogramm nicht vom Fernsehapparat weggenommen.«

»Hast du doch.«

»Nein.«

»Hast du doch.«

»Nein.«

»Doch.«

»Nein.«

»Gestern abend habe ich deinen Vater gesehen. Er hat gesagt, er käme heute erst später.«

»Du hast Vater nicht gesehen, er ist tot, Mami.«

»Warum sagst du solche Sachen? Du bist ein gräßliches Gör.«

(Wie lautete es einst: »Heut ist Mister Ripple zu mir gekommen und hat mich stundenlang geschaukelt!«

»Es gibt keinen Mister Ripple. Den hast du dir ausgedacht. Der existiert gar nicht.«

»Das ist nicht wahr. Warum sagst du solche Sachen? Bloß weil *du* ihn nicht siehst? Das heißt noch lange nicht, daß er nicht da ist!«)

»Nie willst du mit mir zusammen Besuche machen. Du zerfranst dich viel zu sehr für die Kinder. Dabei haben sie dich gar nicht mehr nötig.«

(»Was, du willst schon wieder Bridge spielen gehen? Immer gehst du weg und nie hast du Zeit, mir Geschichten vorzulesen.«)

»Mutter, sprich um Himmels willen nicht davon, daß Fred ein Toupet trägt. Wir wissen es alle, bitte schweige darüber.«

(»Benimm dich, Kleines. Sprich nur, wenn du gefragt wirst.«)

Und die Tochter überlegt: »Muß das denn sein? In den vielen Jahren, in denen ich gebadet, gefüttert, beraten, bestraft, herumkommandiert und geliebt worden bin und man jedem meiner Wünsche zuvorgekommen ist, habe ich so sehnsüchtig auf den Tag gewartet, an dem ich selber die Befehlsgewalt habe. Jetzt habe ich sie. Warum also bin ich so traurig?«

Du badest und trocknest den Körper, der dich einst beherbergt hat. Du fütterst den Mund, dessen Kuß einmal Heile-Heile-Segen für alle Wunden und

Schrammen bedeutet hat. Du kämmst das Haar, dessen Locken man dir im Scherz ins Gesicht geschüttelt hat, um dich zum Lachen zu bringen. Du ziehst eine warme Decke über die Beine, die dich früher Hoppe-Hoppe-Reiter getragen haben.

Jetzt hält deine Mutter so oft ein Schläfchen, wie sie es dir früher vorschrieb. Du begleitest sie auf die Toilette und wartest dort, bis du sie wieder ins Bett bringen kannst. Zu Silvester hast du bereits einen Babysitter für sie engagiert. Nie hast du dir vorstellen können, daß es einmal so werden würde.

Und wenn du eines Tages mit deiner Tochter in deren Wagen fährst und sie muß plötzlich scharf bremsen, streckt sie instinktiv schützend den Arm aus, damit du nicht gegen die Windschutzscheibe fällst.

Mein Gott. So bald schon?

Mike und der Rasen

Als Mike drei Jahre alt war, wünschte er sich eine Sandkiste. Sein Vater sagte: »Unseren Garten kannst du ab sofort abschreiben. Tag und Nacht werden Kinder hinterm Haus spielen und den Sand bis zu den Blumenbeeten schaufeln, und dann werden die Katzen sich darin verewigen, und der Rasen ist hin.«

Worauf Mikes Mutter erwiderte: »Der kommt schon wieder.«

Als Mike fünf Jahre alt war, wünschte er sich ein

203

Turngerät mit Schaukeln, auf denen einem schwind-
lig wurde, und mit Kletterstangen bis in den Himmel.

Sein Vater sagte: »Ach du meine Güte. Solche Dinger
habe ich schon in vielen Gärten gesehen. Weißt du,
wie dort der Rasen aussah? Wie eine Viehweide mit
Trampellöchern. Das Ding hat ein unheimliches Gewicht, und die Gören bohren ihre Turnschuhe in die
Grasnarbe. Da muß ja das Gras eingehen.«

Worauf Mikes Mutter erwidert: »Das kommt schon
wieder.«

Zwischen den Atemzügen, mit denen Daddy das
Planschbecken aus Plastik aufpustete, warnte er:
»Bist du dir klar, was die mit diesem Ding anstellen
werden? Nicht, was du denkst! Sie machen eine Ra-
ketenabschußbasis draus. Na, du mußt ja wissen,
was du tust. Überall werden sie mit Wasser prit-
scheln und ganze Seeschlachten ausfechten, und du
wirst keinen Mülleimer mehr raustragen können,
ohne bis zum Hals in Schlamm zu versinken, und
wenn wir es mal wieder abmontieren, haben wir als
einzige Partei im ganzen Block einen *braunen* Rasen.

Mikes Mutter lächelte. »Der kommt schon wieder.«

Als Mike zwölf Jahre alt war, stellte er seinen Kame-
raden unser Grundstück zum Zelten zur Verfügung.
Als die Jungen ihre Zelte aufbauten und die Heringe
in den Boden trieben, stand sein Vater am Fenster und

sagte: »Ich möchte bloß wissen, warum ich den Grassamen nicht gleich in der Tüte den Vögeln hingestellt habe. Die Mühe der Aussaat hätte ich mir sparen können. Du bist dir hoffentlich im klaren, daß all diese Zelte und das Getrampel der Riesenjungenfüße auch noch den letzten Grashalm umlegen werden? Du brauchst mir nicht zu antworten«, fügte er hinzu, »ich weiß schon, was du sagen wirst: Der kommt schon wieder.«

Der Basketballreifen an der Seitenwand unserer Garage zog größere Menschenmengen an als die Olympischen Winterspiele. Und eine kleine kahle Stelle im Rasen, die anfangs so groß gewesen war wie ein Mülltonnendeckel, breitete sich heimlich und gleichmäßig aus. Als es so aussah, als könne der neue Grassamen Wurzeln schlagen, kam der Winter, und die Rodler zogen mit ihren Schlittenkufen tiefe Rillen in den Boden. Da sprach Mikes Vater kopfschüttelnd: »Ich habe keine großen Ansprüche und habe mir im Leben nur eines gewünscht: ein schönes Fleckchen Rasen.«

Seine Frau lächelte und meinte: »Der kommt schon wieder.«

Heuer im Herbst war der Rasen wunderschön, leuchtend grün und dicht und breitete sich wie ein Schaumgummiteppich aus: der Auffahrt entlang, dort, wie die Turnschuhe ihre Trampelpfade gezogen hatten . . . an der Garage, wo die Räder immer umgefallen waren . . . und rings um die Blumenbeete, wo

205

die kleinen Jungen mit Teelöffeln Löcher gegraben hatten.

Aber Mikes Vater sah es nicht. Er blickte besorgt hinaus, weit in die Ferne jenseits des Gartens, und fragte mit einem unterdrückten Schluchzer in der Stimme: »Er wird doch wiederkommen, nicht wahr?«

Jetzt bin ich an der Reihe

Da hat man nun jahrelang zusehen müssen, wie die anderen es schafften.

Die Kinder, die auf dem Bordstein saßen und ihr Frühstück futterten, während sie auf den Schulbus warteten.

Der Ehemann, der nach der Heirat weiterstudierte, immer nur im Stehen seinen Kaffee trank und mit der Hand auf dem Wecker schlief.

Und man hat sie beneidet und sich gesagt: »Nächstes Jahr schaffe auch ich es vielleicht, noch einmal zur Schule gehen.«

Aber die Jahre vergehen, eines Morgens schaut man in den Spiegel und sagt sich: »Du hast's verpaßt. Jetzt bist du zu alt, um noch einen neuen Beruf anzufangen.«

Für die Damen in dieser Lage halte ich fest: 1937 bekam Margaret Mitchell den Pulitzerpreis für ihr Buch VOM WINDE VERWEHT. Damals war sie 37.

Die Senatorin Margaret Chase Smith wurde 1948

zum ersten Mal in den Senat gewählt. Damals war sie 51.

Ruth Gordon bekam ihren ersten Oscar 1968 für ROSEMARYS BABY. Da war sie 72.

Grandma Moses fing überhaupt erst mit 76 an zu malen. Anne Morrow Lindbergh stand im Schatten ihres berühmten Mannes, bis sie anfing, sich über die Bedeutung ihrer eigenen Existenz Gedanken zu machen. Diese Gedanken sammelte sie in einem Buch, MUSCHELN IN MEINER HAND, das 1955 erschien. Sie stand in ihrem 49. Lebensjahr. Shirley Temple, einst ein berühmter Kinderstar, wurde mit 47 Botschafterin in Ghana.

Golda Meïr wurde im Jahre 1969, kurz nach ihrem 71. Geburtstag, zum Premierminister von Israel gewählt.

Sie könnten jetzt einwenden, all diese Frauen seien von Geburt an Ausnahmen gewesen und hätten schon Einfluß gehabt, ehe sie anfingen berühmt zu werden. Oder auch, Ihre Startbedingungen seien viel schlechter. Sie können es aber auch machen wie eine enge Bekannte von mir, die Jahr um Jahr an ihrem Küchenfenster saß und zusah, wie alle anderen es schafften. Und eines schönen Tages sagte sie zu sich: »Nein, es füllt mich nicht aus, die Wasserhähne mit einer alten Zahnbürste zu polieren. Jetzt bin *ich* dran.«

Ich war damals 37.

Schönheit

Bei ihrer Größe und dem auf ihrem Krankenkassen-
blatt verzeichneten Gewicht könnte sie einer Bas-
ketballmannschaft angehören.

Sie hat zuwenig rote Blutkörperchen, die eine Schulter hängt tiefer als die andere, und manchmal kaut sie
an den Nägeln.

Sie ist die schönste Frau, der ich in meinem Leben
begegnet bin. Das ist auch richtig so. Sie hat mehr als
sechzig Jahre an diesem Gesicht und dieser Figur ge-
arbeitet. Den Weg zu dieser Art von Schönheit kann
man nicht abkürzen.

Die Falten in ihrem Gesicht sind ehrlich erworben –
eine nach der anderen. Der eigensinnige Kniff um den
Mund hat sich bei jedem »Nein« vertieft. Die Fält-
chen auf der Stirn sind rätselhafterweise erschienen,
nachdem sie ihr erstes Kind bekommen hatte.

Die Augen liegen jetzt hinter Brillengläsern, aber
man sieht doch die Dauerplissees rundherum. Junge
Augen schauen flüchtig und zerstreut. In diesen aber
spiegelt sich ein ganzes Leben. Sie haben vor Stolz
geglänzt, sich mit Kummertränen gefüllt, vor Zorn
gesprüht und waren gerötet von mangelndem Schlaf.
Sie sehen einen durchdringend und unmittelbar an,
wenn man spricht. Ihre Muskeln kann man klassisch
nennen. Sie haben sich nach und nach entwickelt,
von der Zeit an, als die Kleinen zu müde waren und
vom Besuch bei der Omama nach Hause getragen

werden mußten. Und schwere Einkaufstaschen galt
es aus dem Kofferraum ins Haus zu wuchten und
Aschentonnen aus dem Keller noch oben zu schlep-
pen, als der Ehemann im Krieg war. Jetzt bekommen
die Muskeln nur noch ein Mindestmaß an Bewegung
und runden sich, eine Folge des wohlgefüllten Eis-
schranks und des Geknabbers vorm Fernseher.
Das Doppelkinn ist Maßarbeit. Um sich so etwas
wachsen zu lassen, braucht man Jahre. Manchmal
kann man es nur im Profil sehen, aber es ist da.
Verhätschelte Frauen haben kein Doppelkinn. Sie
schmieren jeden Abend Creme drauf und massieren
die Muskeln, damit sie sich festigen. Dieses Kinn
aber war immer da, es hat einen nickenden Kopf ge-
stützt nach einer im Sessel aufrecht verbrachten
Nacht . . . über dem Strickzeug . . . beim Gebet.
Die Beine sind noch wohlgeformt, machen aber lang-
samere Schritte. Sie sind zu oft gerannt, um den Autobus noch zu erwischen, haben ein bißchen zu lange
stehen müssen, als Mutter Verkäuferin in einem Wa-
renhaus war, sie sind grün und blau geschlagen worden, als ihre Tochter Radeln lernte. Die Kniekehlen
sind gerötet.
Und die Hände? Die sind klein und von Adern durch-
zogen. Sie sind viel gewaschen, eingeweicht, geschüttelt, gestreichelt, gebeizt, in Türen geklemmt,
in Farbe getaucht worden, sie haben Bisse, Splitter
und Brandblasen ausgehalten. Es ist ein großer Ein-
druck, diesen Ringfinger zu betrachten, der durch

jahrelanges Tragen des immer gleichen Eherings ein schlankeres Gelenk hat. Es bedarf langer Zeit – und noch manch anderer Dinge –, um einen Finger dünn zu wetzen.

Neulich sah ich Mutter lange und aufmerksam an und sagte: »Mami, du warst noch nie in deinem Leben so schön.«

»Ich arbeite ja auch daran«, erwiderte sie kurz und bündig.

Du hast mich nicht lieb!

Du hast mich überhaupt nicht lieb!

Wie oft haben die Kinder Ihnen das vorgeworfen?

Wie oft haben Sie als Eltern der Versuchung widerstanden, ihnen zu sagen, *wie* lieb Sie sie haben?

Wenn meine Kinder einmal alt genug sind, um eine Mutter zu begreifen, werde ich es ihnen sagen:

Jawohl, ich hatte dich lieb genug, um dir mit Fragen auf die Nerven zu gehen, wohin du gehst, mit wem, und wann du wiederkommst.

Lieb genug, um darauf zu bestehen, daß du dir das Fahrrad von deinem Geld kaufst und nicht von unserem, obwohl wir es leichter erübrigen konnten.

Lieb genug, um zu schweigen. Du solltest selber merken, daß der von dir erwählte Freund eine Niete war.

Lieb genug, um dich zu zwingen, den Riegel Schoko-

lade ins Geschäft zurückzutragen, obwohl du ihn
schon angebissen hattest, und dort zu bekennen:
»Den habe ich geklaut.«

Lieb genug, daß ich dir zwei Stunden lang zuschaute,
wie du dein Schlafzimmer aufräumtest – wozu ich 15
Minuten gebraucht hätte.

Lieb genug, um Zorn, Enttäuschung, Abscheu und
die Tränen, die mir in die Augen traten, *nicht* vor dir
zu verheimlichen.

Ich hatte dich zu lieb, um dir Respektlosigkeiten und
schlechtes Benehmen durchgehen zu lassen.

Und lieb genug, um zuzugeben, daß ich mich geirrt
hatte, und dich um Verzeihung zu bitten.

Lieb genug, um mich über das hinwegzusetzen, was
»alle anderen Mütter« taten oder sagten.

Lieb genug, um zuzulassen, daß du stolperst, Schaden
nimmst und versagst.

Lieb genug, um dich immer die Folgen deines Tuns
auf dich nehmen zu lassen, ob nun mit sechs, mit
zehn oder mit sechzehn.

Und weil ich dich so lieb hatte, wußte ich, daß du
mich anlügen würdest über die Party, bei der dann
doch keine Erwachsenen dabei waren, und verzieh
dir, als ich feststellte, daß ich recht gehabt hatte.

Ich hatte dich lieb genug, um dich von meinem Schoß
zu schieben und deine Hand loszulassen und für
deine Bitten taub zu bleiben . . . damit du allein stehen lernst.

Lieb genug, dich so zu nehmen, wie du bist, und dich
nicht umzumodeln, wie ich dich gern gehabt hätte.

Vor allem aber lieb genug, auch dann nein zu sagen, wenn du mich dafür gehaßt hast. Und das war das Allerschwerste.

Hörst Du überhaupt zu?

Es war an einem der Tage, an denen ich mir eine eigene Wohnung wünschte – eine, die nicht im Telefonbuch steht. Mein Sohn erzählte mir bis in die kleinsten Einzelheiten einen Film, den er eben gesehen hatte, und unterbrach sich dreitausendmal mit »Verstehst du?« »Weißt du?« Mir schliefen schon die Zähne ein.

Dreimal wurde ich angerufen, jedes Gespräch war ein Monolog, den auch ein automatischer Anrufbeantworter hätte entgegennehmen können. Nur mit Mühe verkniff ich mir die Bemerkung »Es war nett, dir zuzuhören.«

Im Taxi zum Flugplatz wurde mein Ohr wieder vollgedröhnt von dem Fahrer, der ohne Punkt und Komma über seinen Sohn sprach. Da habe er ihm nun das Studium finanziert bis zum bevorstehenden Abschlußexamen, und nun habe er einen Brief bekommen mit dem Nachsatz: »Übrigens, ich habe geheiratet. Sie heißt Diane.«

Er fragte mich: »Was sagen Sie dazu?« und beantwortete dann seine Frage gleich selbst.

Bis zum Abflug meiner Maschine blieben mir dreißig

212

wundervolle Minuten, in denen ich Zeit hatte, mich mit mir selbst zu beschäftigen, ein Buch aufzuschlagen, die Gedanken schweifen zu lassen.

Da sagte plötzlich neben mir die Stimme einer ältlichen Frau: »In Chicago ist es sicher sehr kalt.«

Mit eisernem Gesicht sagte ich »Wahrscheinlich«.

»Ich war fast drei Jahre lang nicht mehr in Chicago«, fuhr sie beharrlich fort. »Mein Sohn lebt dort.«

»Wie nett«, sagte ich, ohne die Augen von den gedruckten Seiten zu heben.

»Der Leichnam meines Mannes ist nämlich hier in dieser Maschine. Wir waren 53 Jahre verheiratet. Ich kann nicht fahren, wissen Sie, und wie er nun gestorben war, hat mich eine Nonne von der Klinik hergebracht. Und dabei sind wir nicht mal katholisch. Der Direktor des Beerdigungsinstituts hat mir erlaubt, daß ich mitfliege.«

Ich glaube, ich habe mich noch nie in meinem Leben so bitterlich geschämt wie in diesem Augenblick. Da wollte nun ein Menschenwesen seine Not hinausschreien und geriet an eine kaltschnäuzige Fremde, die sich mehr für ihren Roman interessierte als für eine echte Tragödie des Lebens.

Sie hätte jemanden gebraucht, der ihr zuhörte, nur zuhörte. Sie brauchte keine Ratschläge, Weisheit, Erfahrung, Geld, Hilfe, Sachkenntnis, nicht einmal Mitgefühl – nur ein, zwei Minuten Zuhören.

Plötzlich kam es mir widersinnig vor, daß es in einer Gesellschaft mit den am höchsten entwickelten

213

Kommunikationsmitteln so oft an wirklichen Zuhörern fehlt.

Die Frau sprach pausenlos weiter, wie betäubt, bis wir an Bord gingen, und setzte sich dann in eine andere Sitzreihe. Als ich meinen Mantel ins Netz legte, hörte ich sie mit klagender Stimme zu ihrer neuen Sitznachbarin sagen: »Sicher wird es in Chicago sehr kalt sein.« Da betete ich: Lieber Gott, mach, daß die ihr zuhört. Warum ich das nach all der Zeit niederschreibe? Damit mir leichter ums Herz wird. Es wird nicht viel nützen.

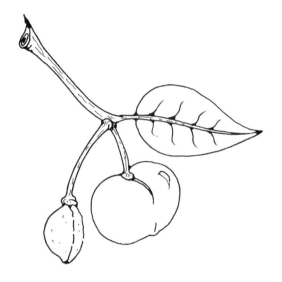

Epilog

Für eine eingefleischte Schwarzse-
herin wie mich sind manche Tage
noch schwerer zu überstehen als alle anderen.
Ich bin stolz darauf, mit einer Reihe von Dingen ganz
gut fertig zu werden: mit Verletzungen, Naturkata-
strophen, tiefen Depressionen, Unglücksfällen, Strapazen, Unbequemlichkeiten. Und wenn im Supermarkt knusprige Brathähnchen im Sonderangebot
ausverkauft sind, stelle ich mich willig auf etwas anders ein.
Ich glaube aber, die letzte Woche hätte nicht einmal
ein professioneller Pessimist überstanden.
Es fing damit an, daß montags alle Kinder vollständig
angezogen in die Küche strömten.
Ich stand da, in der Hand das Bügeleisen (das mit dem
15 m langen Kabel), und fragte: »Will jemand noch
was geplättet haben, ehe er zur Schule fährt?« Keiner
rührte sich.
Mein Wagen, der eine neue Batterie bekommen
hatte, startete tatsächlich sofort. Ich fand einen

216

Parkplatz direkt vorm Eingang des Supermarktes. Ich bekam einen Einkaufskarren mit vier heilen Rädern, die alle gleichzeitig in die gleiche Richtung fuhren, und in der Lebensmittelabteilung fand ich etwas Brauchbares im Sonderangebot. Abends sah die wunderschöne Ansagerin im Fernsehen so aus, als hätte sie ein bißchen zugelegt, und was es bei mir zum Abendessen gab, hatte keines meiner Familienmitglieder bereits mittags irgendwo zu sich genommen.

Dies alles machte mich schon einigermaßen nervös, aber ich sagte mir, daß sich das am nächsten Tag schon wieder auspendeln würde. Von wegen! In der Leihbibliothek waren alle vier Bücher, die ich verfaßt habe, ausgeliehen. Ich nahm ein Bad, und das Telefon klingelte *nicht*. Ich nähte einen Saum, und die Fadenspule lief *nicht* 6 cm vor dem Ende aus. Als ich ins Bett ging, dachte ich mir: Morgen wird alles schlimmer, denn besser kann es nicht mehr werden.

Am Mittwoch lief ich hinter einem Autobus her und erwischte ihn noch. Der Zahnarzt teilte mir mit, ich hätte keine Löcher in den Zähnen. Das Telefon klingelte zwar, als ich gerade heimkam, aber obwohl mir der Schlüssel ein paarmal hinunterfiel, hatte doch der Anrufer noch nicht eingehängt, als ich den Hörer abnahm. Die Kosmetikvertreterin sagte, von ihren Artikeln brauchte ich nichts, ich hätte ja eine so fabelhafte Haut. Und als mich mein Mann fragte, was ich denn den ganzen Tag getrieben hätte, konnte ich ihm antworten, ohne von irgend jemandem unterbrochen zu werden.

Am Donnerstag war ich ein Nervenbündel und wartete zitternd auf das, was mir bevorstand. Es traf nicht ein. Meine Tochter sagte mir, meine weißen Söckchen sähen mit den Keilabsatzschuhen nett aus. Das Scheckbuch stimmte mit dem Kontostand überein. Keiner naschte irgendwo und verdarb sich den Appetit für mein Abendessen, und eine Filmvorführung in der Schule ›Die Geschichte des Schwefels‹ fiel aus.

Am Freitag schluchzte ich in ein Geschirrtuch, und mein Mann suchte mich zu trösten. »Ich kann nichts dafür«, weinte ich, »so gut *darf* nicht alles laufen. Ich mache mir die schrecklichsten Sorgen.«

»Aber, aber«, sagte er und klopfte mir auf die Schulter, »es muß doch nicht immer alles schiefgehen. Wir wüßten ja die schlechten Zeiten gar nicht zu schätzen, wenn wir nicht manchmal einen guten Tag dazwischen hätten.«

»Ich weiß, für mich wird Fürchterliches nachkommen,« sagte ich. »Kannst du dir vorstellen, daß ich gestern ins Zimmer der Jungen gegangen bin und die Betten waren gemacht?«

(Er runzelte besorgt die Stirn.) »Und daß ein Brief vom Finanzamt gekommen ist, in dem sie sich entschuldigen, daß sie mit den Rückzahlungen an uns so spät dran sind? All das paßt doch überhaupt nicht zu uns«, wimmerte ich. »Mit schlechten Zeiten kann ich einigermaßen umgehen. Es sind die guten, die mich auf die Palme treiben. Wann fällt denn endlich der andere Stiefel?«

In diesem Augenblick hörten wir einen Wagen zur Garage einbiegen und dann das widerliche scharrende Geräusch, das ein Schutzblech macht, wenn es mit einer unbeweglichen Mauer in Berührung kommt.

Wir sahen uns an und lächelten. Es ging wieder aufwärts.

Was Kinder ohne Worte sagen

Mit sorgfältig ausgewählten und sensibel erläuterten Fotos gibt die Autorin Einblick in die Geheimnisse der kindlichen Seele. Die Erkenntnisse und Ratschläge dieses Buches können uns helfen, bessere Eltern und Erzieher zu sein.

Suzanne Szasz
Körpersprache der Kinder
Vorwort von Dr. Benjamin Spock,
160 S., 192 s-w-Fotos, Ln.

Gustav Lübbe Verlag GmbH, 5060 Bergisch Gladbach 2

Ebenfalls von Erma Bombeck

Die amerikanische Bestseller-Autorin plaudert sich ironisch-liebenswürdig in bester Erzählmanier durch Freuden und Sorgen ihres Mutter- und Ehefrauendaseins. Sie schimpft über die heißgeliebten Kinder, räsoniert über den geschätzten Gatten, resigniert vor mißglückten Diätversuchen und amüsiert sich über verregnete Urlaube. Ihre Geschichten werden bei allen Leserinnen (und Lesern!) ein Schmunzeln und ein zustimmendes »Ach ja, genauso geht's mir auch« ernten.

Erma Bombeck
Nur der Pudding hört mein Seufzen. 224 Seiten, Ln.

Gustav Lübbe Verlag GmbH, 5060 Bergisch Gladbach 2

Liebe, Tod und Revolution am Hof des Pharao

– mitreißend wie ›Sinuhe der Ägypter‹

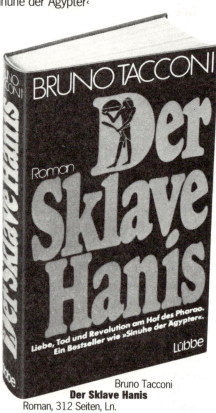

Die unwahrscheinliche Karriere des Sklaven Hanis von der »niedrigsten Stufe der Menschheit« bis zum höchsten Würdenträger im Reich der Pharaonen. Eine dramatische Geschichte um Liebe und Leidenschaft, Intrigenspiel und hohe Politik! Monatelang auf allen italienischen Bestsellerlisten. »Mit ›Der Sklave Hanis‹ bewies Bruno Tacconi, Träger des Premio Bancarella, erneut sein Können als großer Erzähler.«
Corriere della Sera

Bruno Tacconi
Der Sklave Hanis
Roman, 312 Seiten, Ln.

Gustav Lübbe Verlag GmbH, 5060 Bergisch Gladbach 2

Eine leidenschaftliche Liebesgeschichte

Nach dem großen Erfolg von »Der Sklave Hanis« legt der Italiener Bruno Tacconi hier einen ungemein handlungsreichen, kraftvoll erzählten historischen Roman aus der Zeit Echnatons vor. In eine bewegende Liebesgeschichte spielen die großen religiösen und politischen Auseinandersetzungen der Zeit hinein: spannende Erzählung auf der Basis genauer historischer Forschung.

Bruno Tacconi
Der Arzt des Pharao
400 Seiten, Ln.

Gustav Lübbe Verlag GmbH, 5060 Bergisch Gladbach 2